ASCHENDORFFS SAMMLUNG
LATEINISCHER UND GRIECHISCHER
KLASSIKER

# CICERO
# REDEN GEGEN CATILINA

Vollständige Ausgabe
Eingeleitet und kommentiert von
ARMIN MÜLLER

Kommentar

*Umschlagbild:*

Das *Tullianum* – benannt entweder nach König Tullus Hostilius oder nach König Servius Tullius – ist der unterste Raum des *carcer Mamertinus* am Fuß des Capitolinischen Hügels. Hier warteten die fünf Häupter der Catilinarischen Verschwörung wie auch andere Delinquenten vor und nach ihnen auf ihre Hinrichtung. Das umgekehrte Kreuz erinnert an Petrus, der der Legende nach ebenso wie Paulus im Tullianum dem Märtyrertod entgegensah.

Nachdruck der 2., völlig neubearbeiteten Auflage

© 2013/2021 Aschendorff Verlag GmbH & Co. KG, Münster

Das Werk und seine Teile sind urheberrechtlich geschützt.
Jede Verwertung in anderen als den gesetzlich zugelassenen
Fällen bedarf deshalb der vorherigen schriftlichen Einwilligung
des Verlages.

Printed in Germany

ISBN 978-3-402-13445-0

# Inhaltsverzeichnis

Vorwort zur 2. Auflage ............................. 4
Kommentar zu den Catilinarischen Reden
und zu den Zusatztexten ........................... 5
Cicero, Oratio in Catilinam prima................... 5
Sallustius, Catilina 31, 7–9....................... 24
Cicero, Oratio in Catilinam secunda................ 24
Sallustius, Catilina 36, 1–3....................... 36
Cicero, Oratio in Catilinam tertia ................. 38
Sallustius, Catilina 48, 1–2....................... 55
Cicero, Oratio in Catilinam quarta ................ 55
Velleius Paterculus 2, 35.......................... 69
Cicero, ad Atticum 12, 21, 1 ...................... 70
Sallustius, Catilina 55 ........................... 71
Die Stilmittel .................................... 72

# Vorwort zur 2. Auflage

Wie schon die Einleitung zum Text will auch der Kommentar mit seinen Hinweisen dafür werben, auf souveräne Urteile über Cicero, die sich bei näherem Zusehen doch häufig als unhaltbar erweisen, lieber zu verzichten. Stattdessen sollte das Bemühen, von Cicero verstehend zu lernen, im Vordergrund stehen – etwa nach Maßgabe der Leitfragen, warum Cicero in seiner prekären Lage was gesagt hat, wie er es gesagt hat und was er bewusst nicht gesagt hat. Der Genuss, einen Klassiker durch Urteilen unschädlich zu machen, kann nicht ernsthaft als geistiger Zugewinn gelten. Hingegen erfordert Lernen vom Klassiker ein Höchstmaß an kritischer Aufmerksamkeit und ein gutes Auge für die Feinheiten. Bei einer derartigen Herangehensweise lassen sich aus Ciceros Reden mit Sicherheit viele Lehren ziehen, die durch Übertragung zu eigenem besonnenen Handeln beitragen, also in einem wesentlichen Kompetenzfeld ihre guten Dienste leisten.

Dazu noch ein technischer Hinweis: Der Einfachheit halber erfolgt die Zählung lediglich nach Paragraphen und nicht mehr zugleich auch nach Kapiteln. Bei Querverweisen auf andere Stellen aus den Catilinarischen Reden werden lediglich die Bezugsrede und der Paragraph genannt: 2, 15 hieße also Zweite Catilinarische Rede § 15.

Münster, im Dezember 2012    Armin Müller

# Kommentar zu den Catilinarischen Reden und den Zusatztexten

## Ciceronis oratio in Catilinam prima

**(1) quo usque tandem** (wie lange eigentlich noch) wird von Sallust (20, 9) parodiert, der Catilina seinen Kumpanen zurufen lässt: quae quo usque tandem patiemini, o fortissimi viri, [...]? – **abutere:** Nebenform zu abuteris (Futur). – **eludere** verhöhnen. – [...] **sese effrenata iactabit audacia?** [...] – wird sich deine zügellose Dreistigkeit austoben? – **nocturnum praesidium Palatii** während der Nacht erfolgte die Besetzung des Palatium (heute: des Palatinischen Hügels). – **hic munitissimus habendi senatus locus:** Versammlungsort war der Tempel des Iuppiter Stator (1, 11; 1, 33; 2, 12), der unter Nero neben anderen altehrwürdigen Kultstätten abgebrannt ist (Tacitus, Annalen 15, 41). Dieser Tempel war offenbar direkt durch Wachen gesichert und zusätzlich noch dadurch, dass er sich durch seine Lage am Fuß des Palatium (Plutarch, Cicero 16, 3; vgl. auch den Lageplan im Textband) in Reichweite der dortigen Besatzung befand. In der Curia konnte der Senat unter dem Eindruck gewaltbereiter Demonstranten nicht tagen (vgl. 1, 32). Vgl. zu Ciceros Sicherheitsmaßnahmen auch 4, 14. Bei Sallust (Catilina 51, 19) betont Caesar, dank der umsichtigen Sicherheitsmaßnahmen des Konsuls könne man im Senat völlig unbesorgt debattieren. – **constrictus** gelähmt, constringere, constringo, constrinxi: zusammenschnüren, einengen, lähmen). – **quid proxima, quid superiore nocte egeris:** *proxima* (die vorige) bezieht sich auf die Nacht unmittelbar vor dem Tag der ersten Rede gegen Catilina, *superiore* (die vorvorige) auf die Nacht davor. Bei dieser Übersetzung hätten die Catilinarier zwei Nächte hintereinander verhandelt und erst in der zweiten Nacht (proxima) ihre Beschlüsse gefasst. Da nun *superior* in der Bedeutung vorvorig selten vorkommt und „in der vorvorigen Nacht" auch streng genommen *proxima superiore nocte* heißen müsste, wurde auch vorgeschlagen, *proxima* und *superior* seien als Synonymhäufung um der nachdrücklichen Betonung willen aufzufassen, so dass es in der Übersetzung heißen müsste: was du in der letzten, ja, in der soeben erst vergegangenen Nacht getan hast. Nun läge aber mit *proxima superiore nocte* eine umständliche, den Satzrhythmus störende Ausdrucksweise vor, die Cicero wohl bewusst gemieden hat, zumal er auch anderswo (in Verrem II 3, 47) *superior annus* als vorvoriges Jahr und *proximus annus* als voriges Jahr gegenübergestellt hat. Außerdem hat Cicero, wenn er *quid proxima* vor *quid superiore* stellt, schon durch das hysteron proteron (das Spätere früher) als Stilmittel für genügend Betonung gesorgt und insbesondere die letzte Nacht als die entscheidende herausgestellt. Es kann also bei der üblichen Übersetzung bleiben: was du in der letzten Nacht, was du in der vorletzten Nacht getan hast.

Andererseits kann, wozu der Kontext nötigt, 1, 8 *noctem illam superiorem* und *priore nocte* nur ein und dieselbe vorige Nacht bedeuten, während „*omnia superioris noctis consilia*" (2, 6) die Beschlüsse der vorvorigen Nacht bedeuten muss, wenn Cicero seine zweite Rede am Tag nach der ersten (hesterno die: 2, 6) gehalten hat. Die Catilinarier vertagten sich also in der ersten der beiden Verhandlungsnächte und legten in der zweiten Nacht fest, ihre Beschlüsse sogleich am folgenden Morgen auszuführen.

Bei dieser relativen Chronologie muss es jedoch nicht bleiben. Cicero erinnert den Senat, er habe den Aufstand am 21. Oktober vorausgesagt (1, 7). Daraufhin habe der Senat das s. c. u. ausgesprochen (1, 3; vgl. die Einleitung VIII); nur sei dieses Instrument, so beklagt sich Cicero (1, 4), nunmehr schon zwanzig Tage ungenutzt. Danach müsste – römisch gezählt – der Tag der ersten Rede der 9. November gewesen sein. In seiner Rede für Sulla (§ 52) erklärt aber Cicero unmissverständlich, der Tag der ersten Rede sei der 7. November gewesen. Zum Glück hat der auch sonst so hilfreiche Asconius (5 K/Sch; 6 Clark) diesen Widerspruch aufgelöst: Cicero habe es mit Zahlen nie so genau genommen; speziell in der ersten Rede gegen Catilina habe er auf zwanzig Tage aufgerundet, obwohl erst achtzehn verstrichen seien. Es kann also bei dem Datum aus der Rede für Sulla bleiben. Soviel zur Chronologie.

Beschlossen wurde von den Catilinariern in der Nacht auf den 7. November, noch am selben Morgen ein Attentat auf Cicero auszuüben, alle ihre politischen Gegner zu ermorden und die Stadt in Brand zu setzen (vgl. 1, 9; die Einleitung VIII und die schon angeführte Rede für Sulla 52 f.). Nun wird wegen vermeintlicher Unklarheiten im Text in der modernen Forschung bisweilen angenommen, die Catilinarier hätten die Ausführung dieses von ihnen beschlossenen Mordanschlages auf Cicero um einen Tag auf den 8. November verschoben – eine Hypothese, die durch keine einzige antike Quelle bestätigt ist. Im Gegenteil – laut Sallust (Catilina 28, 1) sollte das Attentat noch in dieser Nacht ein wenig später (ea nocte paulo post) verübt werden. In der Tat mussten die Catilinarier schnell handeln, damit ihre Pläne nicht durch ein Leck vorzeitig bekannt würden. Zumal Catilina, der über das Scheitern des Attentats auf Cicero unterrichtet sein musste, an diesem Tag noch glaubte, er könne zum Beweis seiner Unschuld im Senat erscheinen, weil die Senatoren über seine Verwicklung in die Mordpläne der vergangenen Nacht noch nicht informiert wären. Gleich im ersten Satz seiner Rede belehrt ihn Cicero aber eines Besseren.

**(2) publicum consilium** variiert *senatus*. – **notat et designat oculis** mit Blicken brandmarken und vormerken:

*nota*, das Substantiv zu *notare*, bedeutet u. a. Stigma oder Brandmal, das (ihr Leben nur noch unter Vorbehalt fristenden) Nutztieren, Sklaven, Kriegsgefangenen und Delinquenten eingebrannt wurde (vgl. Vergil, Georgica 3, 158; Sueton, Caligula 27, 3). – **ad mortem ducere:** der Ausdruck für die legale Hinrichtung. – **oportebat** es hätte sich gehört. – **in te conferre pestem** die Pest auf dich übertragen, auf dich lenken, dich der Pest aussetzen. – **machinari** ersinnen, im Schilde führen.

(3) **amplissimus** hochgeachtet. – **P. Cornelius Scipio Nasica Serapio** (cos. 138) forderte 133, als der Senat über die Wiederwahl des Ti. Gracchus zum Volkstribun verhandelte, Gleichgesinnte auf, diesen zusammen mit seinen Anhängern zu töten; und so geschah es auch. Scipio hatte als *pontifex maximus* keine exekutiven Befugnisse; insofern handelte er als *privatus*. – **mediocriter labefactare** nicht allzu heftig erschüttern. – **caedes atque incendium:** dieser Vorwurf wird bis in die vierte Rede hinein immer wieder auftauchen. – **acrioribus suppliciis** mit härteren Strafen. – **hostem:** Obwohl der Senat erst nach der zweiten Rede (vgl. den Zusatztext) die Catilinarier förmlich zu *hostes* erklärte, apostrophiert Cicero sie auch in den beiden ersten Reden passim schon als solche. Er hatte an dieser Einstufung ein natürliches Interesse, weil er sich nur unter dieser Voraussetzung den Rücken für sein Handeln frei halten konnte. Zum einen genossen Feinde nicht den Schutz der römischen Bürgerrechte, und zum anderen sicherte Cicero sich selbst auf diese Weise rechtlich die Immunität: *Militiae ab eo qui imperabit provocatio nec esto, quodque is, qui bellum geret, imperassit, ius ratumque esto* (Cicero, De legibus 3, 6). Das musste auch für den dux togatus, also den Feldherrn ohne Uniform gelten. Allerdings wird sich noch erweisen, dass die Kategorie des *hostis* ebenso interpretationsfähig war wie das *s. c. u.*; vgl. dazu den Kommentar zum Zusatz-

text zur zweiten Rede. – **consilium ... auctoritas** Rat und Vollmacht: der ausführende Beamte holt sich für seine Maßnahmen den ihn autorisierenden Rat der Senatoren.

**(4) L. Opimius:** Mit der an ihn gerichteten Aufforderung im Jahre 121 erging zum ersten Mal ein s. c. u. (zum Begriff vgl. die Einleitung VII: zum Zeitpunkt des Beschlusses vgl. die Einleitung VIII). – **rem publicam permittere** das Wohl des Staates anvertrauen. – **poena remorata est** die Strafe hat auf sich warten lassen. – **vicesimum diem:** Cicero hat aufgerundet; vgl. Kommentar zu 1, 1. – **acies hebescit** die Schneide (des Schwertes) wird stumpf. – **inclusum in tabulis** abgelegt im Archiv. – **recondere** verbergen. – **convenit** es hätte sich gehört. – **patres conscripti:** Erst jetzt werden die Senatoren angeredet! Die offizielle Anrede lautete ursprünglich *patres et conscripti*. Damit wurden die alteingesessenen Patrizier und die später zusätzlich beigeordneten Ritter bezeichnet. Die Auffüllung des Senats war nötig geworden, als Tarquinius Superbus den Adel beträchtlich dezimiert hatte (Livius 2, 1, 10f.). Das diskriminierende *et* ist im Laufe der Zeit entfallen. – **dissolutus** pflichtvergessen, nachlässig. – **inertia nequitiaque** Trägheit und Leichtfertigkeit.

**(5) in Etruriae faucibus** in den Schluchten Etruriens. – **atque adeo** und sogar (vgl. 2, 27). – **intestinam aliquam cotidie perniciem rei publicae moliri** gewissermaßen täglich im Inneren einen gefährlichen Anschlag auf den Staat im Schilde führen. – **si te iam ... interfici iussero, credo, erit verendum mihi ne non hoc potius omnes boni serius a me quam quisquam crudelius factum esse dicat:** dieser Satz ist offensichtlich ironisch. Cicero bedient sich häufig dieses nicht unriskanten Stilmittels, und zwar siebenmal in dieser Rede vor dem Senat, aber auch in den beiden Reden vor der Volksversammlung immerhin insgesamt fünfmal (2, 6; 2, 12; 2, 16; 2,23; 3, 6). Frei von Ironie würde

Cicero an dieser Stelle sagen: im Falle deiner Hinrichtung würden mir anständige Bürger eher vorhalten, sie sei zu spät als zu grausam erfolgt. – **perditus** verkommen.

(6) **meis et firmis praesidiis obsessus** umringt von meinen starken Wachen (die also aus Ciceros Gefolgsleuten zusammengestellt sind). – **coetus nefarii**: die Versammlungen der beiden voraufgegangenen Nächte. – **privata domus**: Anspielung auf die Versammlung im Hause des Laeca; vgl. die Einleitung VIII. – **paries** –etis m. Wand. – **obscurare** verdunkeln, in Dunkel hüllen, unsichtbar machen; der Gegensatz ist **inlustrare**: etwas ins Licht setzen (und dadurch sichtbar machen als das, was es ist), ans Licht bringen, aufklären. Dieser Gegensatz erinnert an das Selbstverständnis der Aufklärung (englisch: enlightenment) des XVIII. Jahrhunderts. Der Aufklärer, der kritische Sachverhalte in das „klare" Tageslicht der Öffentlichkeit stellt, wendet sich gegen den Obskuranten (Dunkelmann), indem er über das „aufklärt", was bisher nur im Dunkel der Hinterzimmer geschlossener Geheimgesellschaften erwogen wurde. Die Metaphorik ist aber noch weitaus älter. Seit Platon im Sonnengleichnis am Bilde der Wirkung des Sonnenlichts, die Dinge sichtbar und damit in einem weiteren Schritt erkennbar zu machen, eine Vorstellung von der Möglichkeit der Erkennbarkeit des Guten verschaffte (Politeia 507 B –509 B), beherrscht die Lichtmetaphorik die philosophische Terminologie ebenso wie die Alltagssprache. – **mecum licet recognoscas** du darfst dir das alles mit mir von neuem ins Gedächtnis zurückrufen. Damit kündigt Cicero einen Bericht über die jüngsten Ereignisse an.

(7) **ante diem XII. Kalendas Novembres**: 21. Oktober. – **ante diem VI. Kalendas Novembres**: 27. Oktober. – **satelles** (-itis m/f) **et administer** (-tri m) Spießgeselle und Helfershelfer. – **num me fefellit** ist mir etwa verborgen

geblieben? – **caedem conferre in** die Ermordung anberaumen auf (den 28. Oktober). – **principes** führende Männer (deren Rückzug aus Rom Cicero leicht beschönigend erklärt). – **num infitiari potes** kannst du etwa leugnen? – **diligentia** Sorgfalt, Achtsamkeit, Wachsamkeit. – **nostra ... caede** statt: *mea caede.*

**(8) nocturnus impetus** nächtlicher Überfall. – **moliri, molior, molitus sum** planen. – **plane** völlig; deutlich. – **recognosce tandem** vergegenwärtige dir doch einmal. – **nox superior** muss an dieser Stelle ebenso wie **priore nocte** die letzte Nacht, nämlich die vor dem 7. November bedeuten (vgl. 1, 1). – **inter falcarios** auf der Straße der Sichelmacher. – **non agam obscure** ich will die Dinge unumwunden aussprechen. – **convincam** ich werde dich überführen. – **hic in senatu quosdam**: die Betreffenden werden mit Bedacht nicht namentlich genannt.

**(9) cogitent** ist konsekutivischer Konjunktiv. – **de re publica sententiam rogare** (aufgrund des Lageberichts des Konsuls) um das Votum des Senats bitten. – **trucidare** totschlagen. – **illa nocte ante lucem**: die Nacht war gerade erst vorüber; daher wirkt das *illa* anstößig; es sei denn, es bedeutet „in dieser berüchtigten Nacht", oder Cicero gebrauchte versehentlich *illa*, weil die Nacht für ihn schon weit zurücklag, als er die Rede später niederschrieb. So oder so, es handelte sich um die Nacht unmittelbar vor dem Attentatsversuch im Morgengrauen und vor dem Tag der Ersten Catilinarischen Rede; bei Sallust (Catilina 28, 1) heißt es: (constituerunt) ea nocte paulo post cum armatis hominibus sicuti salutatum introire ad Ciceronem ac de inproviso domi suae inparatum confodere. – **discripsisti** (einteilen, festlegen) **... urbis partes ad incendia**: vgl. die Einleitung VIII und 2, 6; 3, 8–10; 3, 14; 4, 13. Als diese Absicht der Catilinarier bekannt wurde, erfolgte in der Bevölkerung unverzüglich ein Stimmungsumschwung (Sallust,

Catilina 48, 1–2 = Zusatztext zur dritten Rede). – **paulum tibi esse etiam nunc morae** (du sagtest), du müsstest jetzt noch ein wenig bleiben. – **duo equites:** laut Sallust (Catilina 28, 1) waren es der Ritter C. Cornelius und der Senator L. Vargunteius, deren Namen Cicero an dieser Stelle nicht nennt. Vargunteius muss übrigens die Flucht nach Pompeji gelungen sein, wo er – ein Zeichen der Götter – aus heiterem Himmel von einem Blitz getroffen wurde (Iulius Obsequens, Prodigiorum liber 61). – **ante lucem in meo lecto:** der zur *salutatio* (vgl. den folgenden §) besuchte Patronus empfing seine Klienten noch im Bett (*lectus, -i m.*).

**(10) haec ego omnia vixdum** (kaum noch) **etiam coetu vestro dimisso comperi:** Cicero erfuhr also sofort von dem Anschlagsplan und erhielt auch, wie sich aus dem Weiteren ergibt, sofort den entsprechenden Besuch. Von Hinauszögern um einen Tag kann also erneut keine Rede sein (vgl. die Einleitung VIII). – **excludere** ausschließen, abweisen. – **salutatum:** Supinum, ein präpositionsloser Richtungsakkusativ eines defektiven Verbalsubstantivs. – **id temporis** um diese Zeit. – **pergere** fortsetzen; sich auf den Weg machen. – **Manliana castra:** Als Stellvertreter Catilinas kommandierte Manlius in Etrurien ein Heer von ca. 20.000 Mann (Appian 2, 7; Plutarch, Cicero 16, 4). – **modo** wie dummodo: wofern nur.

**(11) Iovi Statori:** vgl. den Kommentar zu 1, 1 und 1, 33 – **non est saepius in uno homine summa salus periclitanda rei publicae** es darf nicht zu wiederholtem Male an einer einzigen Person hängen, dass das Wohl des Staates gefährdet ist. – **mihi consuli designato:** von den Vorfällen, auf die Cicero hier anspielt, ist nichts weiter bekannt. Er dürfte in seiner nicht erhaltenen Rede *In toga candida* darauf eingegangen sein. – **proximis comitiis consularibus me consulem in campo** (sc. Martio: wo die Wahlen abgehalten wurden) **et competitores tuos interficere voluisti:**

Catilina war bei diesen Konsulatswahlen erneut durchgefallen; er hatte das wohl kaum anders erwartet und wollte bei dieser Gelegenheit seine Mitbewerber, die nunmehr designierten Konsuln D. Iunius Silanus und L. Licinius Murena, ermorden. – **nullo tumultu publice concitato** ohne öffentlichen Aufruf zur Bewaffnung, ohne offizielle Mobilisierung (vgl. 2, 26; 2, 28); *tumultum bellicum movere* heißt prägnant: (bei einem plötzlichen Kriegsausbruch im Ausnahmezustand) die Menge zu den Waffen rufen; dagegen ist *dilectus* die in den üblichen geregelten Bahnen durchgeführte Truppenaushebung. – **per me** aus eigener Kraft, also nicht *publice*.

**(12) petere** „anstreben", angreifen. – **ad exitium ... vocare** in den Untergang treiben. – **huius imperii disciplinaeque maiorum proprium** das dieser meiner (konsularischen und durch das s.c.u. erweiterten) Befehlsgewalt und den strengen Grundsätzen der Vorfahren Entsprechende. – **residere** zurückbleiben. – **iam dudum** schon lange. – **exhaurietur ex urbe tuorum comitum ... sentina** (eigentlich: Schiffsbodenwasser): das Abwasser, die Kloake, der Abschaum deiner Spießgesellen wird abgesaugt werden. Diese Metapher gebraucht Cicero am Tag darauf auch vor dem Volk (2, 7); sie ist auch bei Sallust (Catilina 37, 5) als gängiger Schmäh auf die Catilinarier belegt.

**(13) faciebas** steht für *facere volebas*. – **coniuratio** „verschworene Bande". – **perditus** heruntergekommen. – **Nota ... inusta** das Schandmal [...] ist eingebrannt (vgl. 1, 2). – **quae libido ab oculis ... afuit** welche Wollust ließen sich deine Augen entgehen? – **corpus** heißt natürlich Körper (als Ganzes im Gegensatz zu Augen und Händen), aber auch Person, die dann auf keinen Skandal (**flagitium**) verzichtet hätte. – **cui tu adulescentulo ... non ... ad libidinem facem praetulisti:** den Vorwurf der Kuppelei erhebt auch Sallust, Catilina 14, 5. – **illecebris** (vgl. 2, 8) **corrup-**

**telarum irretire** durch verführerische Verlockungen wie mit einem Netz (*rete, retis n.*) einfangen. – **ferrum ... praeferre** (als Waffenträger) das Schwert vorantragen. – **facem praeferre** (wie ein *lanternarius*) die Fackel (für nächtliche Liebesabenteuer) vorantragen. Gewöhnlich ist es die Aufgabe eines Sklaven, ihrem Herrn bei Nacht die Fackel voranzutragen.

**(14) nuper cum morte superioris uxoris novis nuptiis locum vacuefecisses, nonne etiam alio incredibili scelere hoc scelus cumulavisti:** vgl. die Einleitung II. – **vindicare** befreien; beanspruchen; bestrafen, ahnden. Eine Ahndung unterblieb, da niemand Anklage erhob; die Institution der Staatsanwaltschaft, die bei Offizialdelikten von Amts wegen Anklage erhebt, gab es in der Antike noch nicht. – **ruinae fortunarum**: eine Wahlniederlage konnte zum finanziellen Ruin führen, wenn der Bewerber alles auf die Karte der Bereicherung während seiner Prokonsulatszeit in der Provinz setzte. – **proximis Idibus:** der Termin, an dem Kredite zurückgefordert wurden. – **ad privatam ignominiam vitiorum tuorum** (bezieht sich) auf die persönliche Schmach, die mit deinen Lastern verbunden ist. – **ad summam rem publicam** (bezieht sich) auf den Bestand des gesamten Staates.

**(15) haec lux** dieses Licht hier (in dem keine deiner Taten mehr verborgen ist). – **huius caeli spiritus** (vgl. 4, 7) diese Atmosphäre hier (in der alle Anwesenden deine Taten verurteilen). – **pridie Kalendas Ianuarias Lepido et Tullo consulibus:** am 31. Dezember 66 bereitete Catilina ein Attentat auf die designierten Konsuln Cotta und Torquatus vor; vgl. die Einleitung IV. – **in comitio** auf dem Platz der Volksversammlung (am Rande des Forum; vgl. den Lageplan im Textband). – **manum ... parare** eine Schlägertruppe in Bereitschaft halten. – **mentem aliquam** eine Anwandlung von Besinnung. – **neque ... non multa**

zahlreich. – **petitiones conicere** Schwerthiebe (wie ein Gladiator) führen (vgl. Cicero, Orator 228). – **declinatione et ... corpore** mit einer ausweichenden Körperbewegung.

**(16) extorquere (-torqueo, -torsi, -tortus)** entwinden. – **sica** Dolch, (metonymisch für) Mordanschlag. – **excidit casu aliquo et elapsa est:** fiel dir zufällig aus der Hand und entglitt dir. – **initiare/devovere** (den Dolch dunklen Mächten) weihen und geloben (zum Dank für ein gelungenes Attentat). – **sacrum** Kult, Ritual. – **nescio:** ist bei der Übersetzung ins Deutsche an den Satzanfang zu stellen. – **(sicam) in consulis corpore defigere:** Mit dieser abschließenden Bemerkung spielt Cicero möglicherweise auf offenbar kursierende Gerüchte an, die Catilinarier vergewisserten sich ihrer gegenseitigen Ergebenheit durch Blutrituale. In dieser Absicht opferten sie laut Plutarch (Cicero 10, 3) einen Menschen und aßen von seinem Fleisch. Ähnlich heißt es bei Cassius Dio (37, 30, 3), sie opferten einen Knaben, leisteten über seiner Leiche ihren Treueeid und äßen anschließend von seinen Innereien. Auch Florus (2, 12, 2) scheint an dieses Ritual zu denken, als er feststellte, die Catilinarier seien zu jedem Frevel fähig gewesen, an den noch nicht einmal Hannibal gedacht hätte. Auch Sallust (Catilina 22, 1–3) weiß von diesem Vorwurf: Catilina habe seine Leute vor der Eidesleistung aus einer Schale mit Menschenblut und Wein trinken lassen. Sallust hält es für möglich, dass Cicerofreunde die Geschichte erfunden hätten, um dessen hartes Vorgehen gegen die führenden Catilinarier zu rechtfertigen; ihm selbst sei diese Sache jedenfalls nicht überzeugend erwiesen. Auch Cicero selbst scheint sich nicht sicher zu sein; sonst hätte er es nicht bei der vorsichtigen Andeutung belassen. – **nunc vero** vollends jetzt. – **post hominum memoriam** seit Menschengedenken. – **contumelia vocis** laute Schmährufe. – **ista**

**subsellia vacuefacta sunt** die Bänke da bei dir wurden geräumt. – **qui tibi** (dat. auctoris) **persaepe ad caedem constituti fuerunt** die von dir schon sehr oft zur Ermordung vorgesehen waren (vgl. 1, 2). – **simul atque adsedisti** sobald du dich setztest: dem gewesenen Prätor Catilina stand ein Platz nahe bei den Bänken der gewesenen Konsuln (*consulares*) zu.

(17) **mehercule:** von Männern gebrauchte Bekräftigungsformel; Frauen sagen *mecastor.* – **isto pacto** auf solche Weise. – **offensus** verhasst. – **carere ... aspectu civium:** eine Umschreibung für Exil. – **infestis ... oculis** mit feindseligen Blicken. – **cum ... agnoscas** obwohl du spürst. **neque ... ratione ulla** auf keine Weise. – **aliquo** irgendwohin. – **nunc te patria ... odit et metuit:** der gemeinsame Feind dient Ciceros politischem Ziel der *concordia ordinum.* – **parricidium** Vaterlandsverrat. – **iudicium sequi** Urteil annehmen. – **vis:** nicht physische, sondern geistige bzw. moralische Kraft.

(18) **(patria) tecum ... tacita loquitur:** Das Vorbild der schweigenden Ansprache (Oxymoron) des Vaterlandes könnte Platons Dialog Kriton (50a-54c) sein (vgl. auch 1, 27), in dem die Gesetze als fiktiver Gesprächspartner vortragen, was die von Kriton vorbereitete Flucht des Sokrates aus dem Gefängnis aus ihrer Sicht bedeutet. – **aliquot annis** (abl. temporis) seit einigen Jahren. Cicero widerspricht erneut entschieden der Auffassung einiger moderner Autoren, Catilina sei erst in die Illegalität gegangen, als sein letzter legaler Versuch, nämlich die Bewerbung um das Konsulat für das Jahr 62 gescheitert war; vgl auch 1, 30 f. – **nullum flagitium:** Cicero denkt offenbar an den Vestalinnenskandal des Jahres 73: vgl. die Einleitung II. – **multorum civium neces:** bezieht sich auf die Mordtaten im Zuge der Proskriptionen; vgl. die Einleitung II. – **direptio sociorum:** gemeint ist der Repetundenprozess; vgl.

die Einleitung III. – **leges et quaestiones** (Gesetze und Gerichtshöfe) **neglegere:** Cicero spielt auf Catilinas Methoden an, im Vestalinnen- und Repetundenprozess einen Freispruch zu erreichen (vgl. die Einleitung III). – **evincere** unter die eigene Kontrolle bringen. – **perfringere** vereiteln. – **totam** („in meinem ganzen Bestand") ist Femininum, da ja die *patria* spricht. – **quidquid increpuerit** bei jedem Geräusch. – **quod ab tuo scelere abhorreat** was nicht in Zusammenhang mit deinem Verbrechen steht. – **ne opprimar** damit ich nicht überwältigt werde.

(**19**) **impetrare** etwas erreichen, sich durchsetzen. – **tu te ipse in custodiam** (liberam) **dedisti** (du hast dich selbst für eine private Haft angeboten): vgl. 3, 14. – **Mʻ.** ist Abkürzung für Manius. – **adservare** in die Obhut nehmen. – **isdem moenibus contineri** sich in derselben Stadt aufhalten. – **sodalis** Mitglied einer (kultischen) Bruderschaft; Spießgeselle. Gemeint ist der sonst unbekannte Mitverschwörer M. Metellus, den Cicero ironisch als *vir optimus* bezeichnet. – **videlicet** offenbar, natürlich. – **sagax** Spürsinn entwickelnd, aufmerksam. – **vindicare:** vgl. 1, 14.

(**20**) **vita ista multis suppliciis iustis debitisque erepta** dein Leben, das schon oft vor gerechten und verdienten Bestrafungen bewahrt wurde. – **referre ad senatum** dem Senat Bericht erstatten; eine Sache vor den Senat bringen. – **abhorret** es widerspricht. – **proficiscere:** nach dieser Aufforderung dürfte Cicero eine kurze Pause eingelegt haben, damit das erwartete Schweigen des Senats unleugbar eintreten könnte. Ciceros Zeitgenosse, der Historiker Diodor, geht in seinem Geschichtswerk (49, 5a) auf diese Szene ein. Ihm zufolge fragte Cicero zunächst die Senatoren, wie sie wohl auf den Antrag reagierten, den (hoch angesehenen) Q. Catulus (also nicht gemäß 1, 21 P. Sestius oder M. Marcellus) in die Verbannung zu schicken. Aus der Reaktion, einem wütenden Protestgeschrei, habe Cicero darauf im Umkehrschluss gefolgert, dann laufe ja Schweigen bei einem entsprechenden Antrag gegen Catilina auf Zustimmung hinaus. – **ecquid attendis** du achtest doch wohl auf ...? – **patiuntur** sie lassen es zu (dass ich dich zum Exil auffordere). – **auctoritas loquentium** ausgesprochene Willensbekundung.

**(21) P. Sestius** hatte sich später für Ciceros Rückkehr aus dem Exil eingesetzt und wurde von ihm in einem Prozess *de vi* (Landfriedensbruch) verteidigt. – **M. Marcellus,** cos. 51, entschiedener Caesargegner, der 46 auf Anraten Ciceros seine Begnadigung durch Caesar annahm, um die neben vielen anderen Senatoren auch Cicero selbst in seiner Rede „pro Marcello" gebeten hatte. – **hoc ipso in templo:** vgl. den Kommentar zu 1, 33. – **vim et manus inferre** handgreiflich werden. – Nach **vim et manus intulissent** muss Cicero eine kurze Pause gemacht haben. – **cum:** cum coincidentiae oder identicum. – **quorum tibi auctoritas est videlicet cara, vita vilissima** ihre Willensbekundung ist dir offenbar wertvoll, ihr Leben aber völlig gleichgültig. – **studium** Eifer, Sympathie: entschiedene Haltung. – **paulo ante:** kurz zuvor (auf dem Weg zur Senatssitzung). – **vix ... contineo** ich kann kaum ... zurückhalten. – **haec** (sc. moenia) die Stadt. – **prosequuntur:** wer freiwillig ins Exil geht, wird von den Verwandten zum Stadttor begleitet.

**(22) quamquam quid loquor** indes, was rede ich? – **te ut ulla res frangat** damit irgendetwas deinen Sinn bricht, dich erreicht. – **meditari** an etwas denken. – **duint** in der Sakralsprache für *dent.* – **tempestas invidiae** gewaltiger Hass. – **si minus ... at** wenn nicht ... so doch. – **recenti memoria** wegen der frischen Erinnerung. – **in posteritatem:** dieser Hinweis könnte aus der Rückschau in den Redetext eingeflossen sein. – **sed est tanti** (gen. pretii) aber das ist das Risiko wert. – **dum modo tua ista sit privata calamitas et a rei publicae periculis seiungatur** sofern sich dein

Unheil nicht auswirkt auf den Staat. – **temporibus rei publicae cedere** auf die Lage des Staates Rücksicht nehmen. – **pudor** Scham, Anstandsgefühl, Skrupel.

**(23) alicui invidiam conflare** Hass gegen jemanden schüren. – **recta** (sc. via) geradewegs. – **moles, -is f.** Damm, Masse; Last. – **iveris** statt ieris. – **importunus** brutal. – **latrocinium** Bandenkrieg.

**(24) quamquam quid ego te invitem** indes, was soll ich ausgerechnet dich einladen. – **sciam:** attractio modi, sofern sich der Konjunktiv dem Modus des übergeordneten invitem angleicht – **Forum Aurelium:** kleiner Ort bei Tarquinia in Etrurien an der via Aurelia (heute Montalto). – **praestolari** (Deponens) bereit stehen. – **pactus** verabredet, ausgemacht (obwohl *pacisci* Deponens ist). – **diem constituere** einen Termin festlegen. – **aquila argentea:** Diesen Adler soll schon C. Marius gegen die Cimbern geführt haben (Sallust, Catilina 59, 3; vgl. auch 2, 13). Er muss auf Umwegen in Sullas Heer gelangt sein, von dem ihn Catilina als Tapferkeitsauszeichnung erhielt. – **funestus** todbringend, unheilvoll. – **sacrarium scelerum** Hauskapelle mit Erinnerungsstücken an Freveltaten. – **ut illa (aquila) carere diutius possis** wie könntest du wohl länger ohne den Adler auskommen? – **altaria, -ium** ist plurale tantum. – **transtulisti:** du hast deine Hand vom Altar zum Mord „hinübergetragen"; du hast mit derselben Hand, die eben noch den Altar berührte, deine Mitbürger ermordet.

**(25) haec res:** der Krieg gegen das eigene Vaterland. – **quaedam incredibilis voluptas** eine ganz unglaubliche Wollust. – **parere, pario, peperi** gebären, hervorbringen, erringen, erschaffen. – **concupiscere, concupisco** trachten nach. – **bellum nefarium** steht im Gegensatz zu dem von Staats wegen geführten *bellum iustum* (vgl. 2, 1). – **nisi nefarium:** bezieht sich *otium* und auf *bellum (civile)*.

– **ex ... spe derelictis** aus den Reihen der ... von jeder Hoffnung Verlassenen (*derelinquere* gänzlich verlassen).
– **manum conflare** eine Bande zusammenwürfeln.

**(26) perfrui** (in vollen Zügen genießen), **exsultare** (übermütig jauchzen) und **bacchari** (bakchantisch schwärmen) charakterisieren die Affektstruktur Catilinas und stempeln ihn zum Gegenteil eines weisen Mannes; auch seine „asketischen" Züge dienen, wie sich im Folgenden zeigt, nur der Triebbefriedigung. – **ad huius vitae studium** im Blick auf die Lust an solcher Lebensführung. – **meditatus** geplant, ausgedacht (also passivisch, obwohl *meditari* Deponens ist). – **qui feruntur** statt *qui praedicantur* (nachrühmen). – **obsidere stuprum** auf eine Chance zur Unzucht beziehungsweise Ehebruch lauern. – **insidiari somno** aus dem Hinterhalt den Schlaf der Ehemänner überwachen. – **insidiari bonis otiosorum** es auf die Habe der friedlich Ruhenden absehen. – **habes, ubi ostentes** du hast dein Publikum, wo du (deine Qualitäten) zur Schau stellen kannst. – **confectus** „erledigt".

**(27) tantum profeci** so viel habe ich erreicht. – **cum te a consulatu reppuli**: vgl. Einleitung V – **patriae quaerimonia** (erneut wie 1, 18 eine fiktive) Klage des Vaterlandes. – **detestari ac deprecari** nachdrücklich von sich abwehren und abwenden. – **evocator servorum** Aufwiegler der Sklaven. Dieser Vorwurf wird noch häufiger eine Rolle spielen, wenn Cicero auf den Sklavenkrieg unter Führung des Gladiators Spartacus anspielt (vgl. 2, 19; 2, 24; 4, 4). – **penitus** tief, innerlich. – **in vincla ducere** (ins Gefängnis werfen), **ad mortem rapere** (zur Hinrichtung schleppen) und **summo supplicio mactare** (die Hinrichtung vollziehen, als würde ein Opfertier geschlachtet) sind die drei Schritte bei einer Exekution von Staats wegen. – **imperabis** mit passivischem a.c.i. wie auch sonst, wenn Cicero gelegentlich *imperare* mit a.c.i. konstruiert.

**(28) leges, quae de civium Romanorum supplicio rogatae sunt:** bei den einst „beantragten Gesetzen" dürfte Cicero an die *lex Porcia* und die *lex Sempronia de provocatione* denken: das erstere Gesetz untersagte die Hinrichtung eines Bürgers ohne Berufung und verbot grundsätzlich die Auspeitschung: *lex Porcia virgas ab omnium civium corpore removit* (Cicero, pro Rabirio § 11). Antragsteller war wahrscheinlich P. Porcius Laeca, Prätor im Jahr 199. Das letztere Gesetz, 123 von C. Gracchus Sempronius erwirkt, präzisiert, dass die Hinrichtung eines Bürgers nur nach einem Gerichtsurteil und einem Volksbeschluss erfolgen dürfe (vgl. 4, 10). – **a re publica deficere** sich (durch Hochverrat) aus dem Gemeinwesen ausschließen. Cicero musste bei seiner Formulierung bedenken, dass der Senat zu diesem Zeitpunkt die Catilinarier noch nicht ausdrücklich zu *hostes* erklärt hatte (vgl. dazu 1, 3; 2, 12; 4, 10 sowie den Zusatztext zur zweiten Rede). – **gratiam referre** Dank durch die Tat abstatten. – **homo per se cognitus** variiert *homo novus*. – **nulla commendatione** (abl. qualitatis) **maiorum:** dass Ciceros Vater dem Rittterstand angehörte, reichte offenbar allein noch nicht automatisch als „Empfehlung" für höchste Weihen. – **tam mature** variiert *meo anno*. – **per omnes honorum gradus efferre** durch alle Stufen der Ämterlaufbahn befördern. – **invidia** gehässige Anfeindung.

**(29) fortitudo** Entschlossenheit. – **inertia ac nequitia:** vgl. 1, 4. – **sanctus** untadelig. – **mentes** (im Stillen gehegte) Ansichten – **usura, -ae f.** Gebrauch, Genuss. – **Saturninus, Gracchi, Flaccus:** vgl. 1, 4; das Verzeichnis der Eigennamen und die Einleitung VII. – **superiorum complurium** mehrerer früherer (Aufrührer), von denen schon 1, 3 unter dem Stichwort *nimis antiqua* die Rede war. – **contaminare** beflecken. – **ne quid ... invidiae in posteritatem redundaret** dass die Woge des Hasses auch noch auf die Nachwelt überschwappt. – **virtute:** bezieht sich wie auch 1,

3 auf ein Handeln, das in Übereinstimmung mit den substanziellen Interessen des Staates erfolgt.

**(30) mollibus sententiis** durch milde Stellungnahmen. – **corroborare** stärken – **animadvertere in alqm** vorgehen gegen jemand. – **regie** despotisch. – **improbus** unredlich, infam. – **paulisper reprimere** für ein Weilchen zurückdrängen. – **comprimere** unterdrücken, ersticken, völlig beseitigen. – **naufragos aggregare** Schiffbrüchige (die also ihr Vermögen verloren hatten) um sich scharen. – **tam adulta rei publicae pestis** die schon so ausgewachsene, so weit entwickelte Seuche am Staatskörper. – **stirps ac semen** Wurzel und Samen.

**(31) etenim iam diu:** Mit dieser adverbialen Bestimmung nimmt Cicero das Vorhergesagte auf; im Jahr darauf wird er in seiner Rede für Sulla (§ 67) der Krankheit eine zweijährige Inkubationszeit nachsagen, bis sie endlich in seinem Konsulatsjahr ausgebrochen sei. Moderne Interpreten, die urteilen, Catilina sei erst nach dem Scheitern sämtlicher legaler Versuche in die Illegalität abgetaucht, werden sich wohl kaum auf Cicero berufen können. – **nescio quo pacto** („ich weiß nicht, wie", unbegreiflicherweise) ist ein erstarrter adverbialer Ausdruck ohne Einfluss auf die Konstruktion. – **maturitas ... erupit** das reife Geschwür ist geplatzt. – **ex latrocinio** aus der Räuberbande. – **cura relevatus** der Sorge enthoben. – **viscera -um** (plurale tantum) Eingeweide, Inneres, Mark. – **aestus febrisque** Fieberhitze. – **relevari** Linderung spüren. – **ingravescere, ingravesco** sich verschlimern.

**(32) secedere** sich absondern, sich zurückziehen. – **secernere** absondern, trennen. – **circumstare tribunal praetoris urbani:** so wollen sie den Prätor L. Valerius Flaccus (vgl. 3, 5) einschüchtern. – **obsidere** (obsideo, obsedi, obsessus) **cum gladiis curiam:** Das dürfte der Grund sein, weshalb Cicero den Senat nicht in sein gewöhnliches

Versammlungshaus, die curia Hositilia, einberief und zudem umfangreiche Schutzmaßnahmen ergriff; vgl. 1, 1. – **malleolus** Brandgeschoss, das bei Belagerungen wie ein Hammer *(malleus)* mit der Hand geschleudert wurde. – **patefacere** „Türen öffnen", aufdecken, (indem enthüllt wird, was bisher hinter verschlossenen Türen verborgen war); vgl. 2, 13; 3, 3; 3, 15. – **inlustrata** „aufgeklärt" (vgl. 1, 6). – **oppressa** endgültig unterdrückt.

(33) **hisce ominibus** unter diesen Vorzeichen – **impium bellum** frevelhafter Krieg: *pietas,* ursprünglich Inbegriff frommer Pflichten gegenüber der eigenen Familie, ist in ihrer Anwendung längst auf den gesamten Staat ausgedehnt (vgl. Cicero, De re publica 6, 15f.). – **isdem ... auspiciis** unter denselben Auspizien, also unter Anleitung derselben Vogelzeichen. Tatsächlich hatte Romulus den Tempel des Iuppiter Stator im Zuge des Sabinerkrieges nur gelobt (Livius 1, 12, 4–7), errichtet aber hat ihn erst der Konsul M. Atilius, der 294 im verzweifelten Kampf gegen die Samniten bei Luceria (Apulien) den Bau des Tempels versprach, wenn Jupiter die Flucht der Römer „zum Stehen" brächte und ihnen nach Erneuerung der Schlacht den Sieg gewährte (Livius 10, 36, 11; 10, 37, 14 f.). Jupiter wird also als der Gott angesprochen, der dem Staat ebenso wie einst dem Heer Halt und Festigkeit verleihen soll. – **aeternis suppliciis** mit ewigen Strafen (von denen es keine Erlösung gibt); daher: **vivos mortuosque mactabis** du wirst sie als Lebende und Tote (im Jenseits) bestrafen. Bei dieser Bitte hat Cicero vielleicht an Tantalus und Sisyphus gedacht; vielleicht hat er aber auch an Caesar gedacht, der in der Debatte über die Bestrafung der Catilinarier zu bedenken gab, der Tod sei möglicherweise gar keine Bestrafung, sondern eine Erlösung (vgl. 4, 7 sowie Sallust, Catilina 51, 20 und 52, 13).

## Sallustius, Catilina 31, 7–9

**demisso voltu** mit gesenktem Blick. – **supplex, -plicis** demütig flehend. – **temere** blindlings, ohne ruhige Überlegung. – **vitam instituere** sein Leben führen. – **quoius** = cuius. – **quom** = cum (adversativum). – **inquilinus civis** ein nicht in Rom geborener, zugewanderter Mitbürger: Cicero stammte aus Arpinum, einer Kleinstadt südöstlich von Rom. – **obstrepere, -strepui** dagegenlärmen, niederschreien. – **hostem:** Das war offenbar ein kollektiver Zwischenruf, aber noch keine förmliche Erklärung des Catilina zum Staatsfeind. – **furibundus** rasend vor Wut. – **circumvenire** umstellen, überfallen, zugrunde richten. – **praeceps** (praecipitis) **agi** kopfüber ins Verderben gestürzt werden. – **ruina** Sturz, Untergang, Trümmer. – **exstinguere** löschen. – **ex curia:** es muss wohl eine Unachtsamkeit des Sallust sein, wenn er Catilina aus der Curie und nicht aus Tempel des Iuppiter Stator davoneilen lässt.

## Ciceronis oratio in Catilinam secunda

**(1) Quirites:** Anrede der Bürger in der Volksversammlung, vor der Cicero einen Tag nach seiner Senatsrede spricht, also am 8. November 63; denn 2, 6 heißt es: *patefeci in senatu hesterno die.* – **scelus anhelantem:** die Zuhörer sollen mit Catilina einen feuerspeienden Drachen assoziieren, der zerstörerische Flammen „ausschnaubt", oder die von Herakles getötete Hydra, deren Köpfe tödliche Dünste ausbliesen. – **ipsum** (egredientem) statt *sua sponte.* – **prodigium** Vorzeichen; Ungeheuer. – **moenia:** pars pro toto statt *urbs.* – **sine controversia** unbestritten. – **inter latera nostra** aus unserer Mitte: von *latus, lateris n.* Seite, nächste

Umgebung. – **sica illa** jener Dolch (personifiziert durch Catilina). – **loco ... motus** (wie ein Fechter) aus einer (günstigen) Stellung verdrängt (wo er dem Staat besonders schaden könnte). – **cum** dadurch, dass (wie 1, 21). – **palam iam cum hoste ... bellum iustum geremus** von nun an werden wir offen mit dem Feind einen gerechten Krieg führen: Cicero kann den Senatsbeschluss, aufgrund dessen die Catilinarier förmlich zu *hostes* erklärt waren, an diesem Tag noch nicht in Händen gehabt haben (vgl. den Kommentar zu 1, 3); er weiß aber, dass er über das s.c.u. hinaus auf diesen Beschluss angewiesen ist, und legt ihn durch solche Einschübe nahe. – **nullo impediente:** und zwar durch Leugnen der Gefahr: vgl. 1, 30 und 2, 3. **bellum iustum:** vgl. 1, 25. – **latrocinium** Straßenräuberei, Räuberlager.

(2) **quod** ist faktisch. – **mucro, -onis m.** Schwertspitze – **extorquere** (-torqueo, -torsi) herausdrehen, entwinden. – **stantem urbem** eine noch „stehende", also unzerstörte Stadt. – **maerore adflictus et profligatus** vor Trauer gebeugt und niedergeschlagen. – **prosternere, prosterno, prostravi, prostratus** niederwerfen, zugrunde richten. – **percellere, percello perculi, perculsus** niederschmettern, erschüttern. – **abicere** niederwerfen, verloren geben, sich vom Halse schaffen. – **evomere, evomo, evomui, evomitus** auspeien. – **foras** (Richtungsakkusativ) hinaus, nach draußen.

(3) **in hoc ipso** gerade in dieser Beziehung. – **capitalis hostis** Todfeind; *capitalis* heißt: „den Kopf betreffend", tödlich. – **gravissimum supplicium:** als Höchststrafe steht auf Landesverrat (perduellio) die Kreuzigung nach vorheriger Auspeitschung (vgl. die Einleitung VII). – **huius imperii** dieser meiner Kommandobefugnis (vgl. 1, 12). – **deferre** vortragen. – **improbitas** niedrige Gesinnung. – **tollere, tollo, sustuli, sublatum** beseitigen, aus dem Wege räumen. –

**periculo** (abl. sociativus) mit dem Risiko (mir Feindschaft zuzuziehen und mein Leben zu verlieren).

**(4) ne vobis quidem omnibus re etiam tum probata:** „als euch auch da noch nicht einmal allen die Sache zustimmungsfähig erschien" = als ihr auch da (als der Senat das s. c. u. verkündete) noch nicht alle von dem Sachverhalt überzeugt wart. – **invidia oppressus** durch Anfeindung handlungsunfähig. – **rem huc deduxi** ich habe die Entwicklung bis hierhin vorangetrieben. – **foris** (abl. locativus) draußen, außerhalb. – **parum** zu wenig. – **parum comitatus** nur mit wenig Gefolge; *comitatus* ist passivisch, obwohl *comitari* (begleiten) Deponens ist. – **mihi** ist dat. ethicus. – **in praetexta (toga)** in der purpurgestreiften Toga der Knaben bis zum 16. Lebensjahr, die im Erwachsenenalter nur politische und kultische Amtsinhaber trugen (vgl. den Kommentar zu 3, 14). – **aes alienum contrahere** Schulden aufhäufen. – **popina** Garküche, Kneipe. – **motus** Erschütterung. – **reliquit:** es liegt ein adversatives Asyndeton vor, ohne dessen Beachtung die Pointe verfehlt würde.

**(5) illum exercitum:** das schon in Oberitalien stationierte Heer der Catilinarier. – **prae** im Vergleich zu. – **Gallicanis legionibus:** Regierungstruppen im Winterlager in Gallia Cisalpina, die durch die Aushebungen (*hoc dilectu*) des Q. Metellus Celer verstärkt waren. – **cotidie:** täglich, und zwar seit dem 22. Oktober. – **ex senibus desperatis:** gemeint sind die Veteranen des 78 gestorbenen Sulla; sie hatten sich völlig überschuldet und konnten nur noch auf einen generellen Schuldenerlass (tabulae novae: vgl. 2, 18) hoffen. – **ex agresti luxuria** (abstractum pro concreto) aus dem durch Verschwendung verarmten Landadel. – **decoctor** Bankrotteur (*decoquere, decoquo, decoxi, decoctus*: abkochen, sich verflüchtigen lassen; ruinieren, in den Bankrott treiben). – **vadimonium deserere** die

Kaution einbüßen. – **edictum praetoris:** bei Amtsantritt kündigt der Praetor die Leitlinien seines Handelns (hier bezüglich der Schuldentilgung) an. – **quibus** = si iis (ego non modo). – **concident** sie werden zusammensinken. – **volitare** herumflattern, sich herumtreiben. – **unguentum** Salbe. – **nitere** (niteo, nitui) glänzen. – **purpura, -ae** Purpur, Purpurgewand. – **hoc magis quod** um so mehr, weil.

**(6) video, cui sit Apulia attributa ...** vgl. 1, 9; 3, 8–10; 4, 13. – **caedis et incendiorum** (vgl. 1, 9 und die Einleitung VIII): Als bekannt wurde, dass von den Catilinariern Gemetzel und Brandstiftung geplant waren, schlug die Stimmung in der Menge auf der Stelle zugunsten Ciceros um (Sallust, Catilina 48, 1–2 = Zusatztext zur dritten Rede). – **superior** vorgestrig: vgl. den Kommentar zu 1, 1. – **ne** fürwahr, wahrhaftig: eine beteuernde Partikel wie das griechische νή. – **Catilinae similes** Männer, die Catilina gleichen (der Subjektsakkusativ innerhalb des von *putet* abhängigen a.c.i.). – **sui:** bezieht sich als gen. obiectivus auf die zurückgebliebenen Catilinarier. – **desiderio ...tabescere** vor Sehnsucht zerfließen. – **Aurelia via:** vgl. 1, 24 und 2, 14. – **accelerare** sich beeilen. – **ad vesperam:** selten für *ad vesperum*. – **consequi** erreichen, einholen.

**(7) sentinam eicere** (vgl. 1, 12) den Abschaum abfließen lassen, die „Hefe" entsorgen. – **uno ... Catilina exhausto** nachdem allein Catilina weggespült ist. – **levare** erleichtern, entlasten. – **recreari** sich erholen. – **veneficus** Giftmischer. – **subiector** „Unterschieber", Fälscher. – **circumscriptor** Betrüger (der besonders unerfahrene junge Leute übervorteilt: Cicero, De officiis 3, 61). – **ganeo** Prasser, Wüstling. – **nepos** Enkel, Neffe; leichtsinniger Erbe, Verschwender. – **infamis, infame** berüchtigt, verrufen. – **stuprum** vgl. die Einleitung II.

**(8) fructus** Nutzung, Genuss, Befriedigung. – **impellere** antreiben, locken. – **angulus** Winkel, unbedeutende

Ecke. – **ad foedus adsciscere** (adscisco, adscivi) in ein Bündnis aufnehmen.

**(9) studium** Sympathie, Neigung. – **in dissimili ratione** unter verschiedenem Aspekt, in verschiedenen Bereichen. – **ludus gladiatorius** Gladiatorenschule. Bei diesem Hinweis dürften die Zuhörer an den Gladiator Spartacus denken, unter dessen Führung im Jahre 73 der Sklavenkrieg ausbrach. – **paulo** (abl. mensurae) um ein wenig. – **scaena** Schauspielbühne. – **nequam**(indeklinabel), **nequior, nequissimus** nichtsnutzig, liederlich. – **sodalis** Kultgenosse, Spießgeselle. – **commemorare** erwähnen, an etwas erinnern. – **assuefactus** (beim abl. instrumentalis: gewöhnt an) bildet mit ... *perferendis* eine Inkonzinnität. – **cum** ist konzessiv: während doch. – **consumere** verbrauchen, vergeuden.

**(10) flagitiosus** lasterhaft. – **laus** Ruhmesblatt. – **mediocris** durchschnittlich, im Rahmen des Üblichen, weniger gefährlich. – **audaciae** Dreistigkeiten. – **obligare** binden, verpfänden. – **res** *sc. familiaris* Geld, Vermögen. – **fides** Kreditwürdigkeit (die nicht mehr bestand, als Catilina bei der Konsulatswahl für das Jahr 62 scheiterte). – **abundantia** Überfluss. – **libido** Genusssucht. – **profundere, profundo, profudi, profusum** vergießen, vergeuden. – **comissatio** nächtlicher Umzug mit einhergehendem Trinkgelage. – **scortum** Haut, Prostituierte. – **iners, inertis** untätig, feige. – **ebrius** betrunken. – **sobrius** nüchtern. – **accubare** (auf den Ellbogen gestützt) liegen. – **complexi** in den Armen haltend: Perfekt zu *complecti*. – **languidus** träge, ermattet. – **confertus** vollgestopft. – **sertis redimire** mit Blumengewinden (*serta, sertorum* oder *sertae, sertarum*) umkränzen. – **oblinere, oblino, oblevi, oblitus** bestreichen, einreiben. – **eructare** ausrülpsen; hier (Morddrohungen) ausstoßen.

**(11) improbitati ... debitam** der Unverschämtheit ... geschuldet. – **plane** deutlich, völlig, durchaus. – **tollere**

(tollo, sustuli, sublatum) beseitigen: aus Rom vertreiben.
– **breve nescio quod tempus** eine unbestimmt kurze Zeit.
– **propagare** fortpflanzen, ausdehnen, verlängern, Dauer verschaffen. – **omnia externa** alle auswärtigen Territorien.
– **unius:** gemeint ist Pompeius, der 77 bis 71 in Spanien kämpfte, dort Sertorius und seinen Nachfolger Perperna besiegte und bei seiner Rückkehr noch letzte Sklavenverbände in Oberitalien aufrieb, der 67 die Seeräuber zur Kapitulation zwang und seit 66 Mithradates VI von Pontus Niederlagen beibrachte, bis dieser im Jahre 63 von den Seinen zum Selbstmord gezwungen wurde. Cicero selbst hatte sich in seiner Rede „De imperio Cn. Pompei" dafür eingesetzt, dass Pompeius das Oberkommando gegen Mithradates antrat und Lucullus ablöste. Nun aber kommt es im Folgenden Cicero auf die Unterschiede an. Im Rahmen welcher Auseinandersetzung es Cicero darauf ankommt, politische Erfolge höher anzusiedeln als militärische, ist in der Einleitung X erläutert. Ein äußerer Krieg ist mit dem Friedensschluss endgültig vorüber, der innere Feind bleibt aber wie ein Trojanisches Pferd in den Mauern der Stadt (vgl. 3, 27 und 4, 22; ferner Reden für Sestius § 51 und für Murena § 78). Voller Selbstbewusstsein bekräftigt Cicero gegenüber seinem Sohn diese Überlegungen in De officiis 1, 76–78: *parvi enim sunt foris arma, nisi est consilium domi.* Cicero fährt fort: unter meinem Konsulat sind die Waffen hinter der Toga zurückgetreten; durch politische Wohlberatenheit und Umsicht (*consiliis et diligentia:* vgl. auch 3, 14) habe ich die noch so dreisten Catilinarier entwaffnet. Welche Kriegstat, welcher Triumph ist mit dieser politischen Leistung vergleichbar? Jedenfalls hat mir Pompeius persönlich vor vielen Zuhörern zugestanden, ihm sei sein dritter Triumph vergebens zugesprochen worden, wenn ich ihm durch meine Leistung für die Stadt nicht den Raum gesichert hätte, auf dem er stattfinden konnte. In den Re-

den gegen Catilina wird Cicero dieses Motiv noch dreimal ansprechen (2, 28; 3, 27; 4, 21) – **resecare** abschneiden, wegoperieren.

**(12) at:** markiert die Überleitung zu denen, die Cicero nicht zu große Milde, sondern zu große Härte vorhielten. – **quod:** bezieht sich auf den von *dicant* abhängigen a.c.i. – **verbo** mit einem bloßen Wort. – **homo:** gemeint ist Catilina. – **permodestus** sehr bescheiden, gefügig, folgsam. – **ivit** Nebenform zu iit. – **Iovis Statoris:** vgl. den Kommentar zu 1, 1 und 1, 33. – **deferre** berichten. – **appellare** ansprechen. – **perditus** heruntergekommen. – **importunus** unverschämt. – **subsellia, -orum n.:** vgl. 1, 16.

**(13) hic ego vehemens ...** in diesem § wiederholt Cicero Sätze aus 1, 1; 1, 16; 1, 24. – **conscientia convictus** „durch sein Mitwissen überführt", im Bewusstsein seiner Schuld. – **patafacere:** vgl. 1, 32; 3, 3; 3, 15. – **ea nocte:** in der Nacht vom 6. auf den 7. November (vgl. 1, 8f.). – **quid in proximam (noctem) constituisset:** dieser Beschluss bezieht sich auf seine Abreise in das Lager des Manlius. – **ei** ist dat. auctoris. – **rationem belli describere** den Kriegsplan umreißen. – **cum teneretur** als er festgenagelt wurde. – **secures ... fasces:** Catilina führte Beile und Rutenbündel, als wäre er ein legaler Konsul. – **aquila argentea**: vgl. 1, 24. – **signum militare** Feldzeichen, Banner, Fahne.

**(14) eiciebam:** imperfectum de conatu. – **centurio:** gemeint ist C. Manlius an der Spitze der Catilinarischen Truppen in Etrurien. – **condicio** Stellung, Beruf, Aufgabe, „Bestimmung". – **debilitatus** geschwächt, gelähmt. – **sententiam mutare** einen Sinneswandel vollziehen. – **spoliare** berauben. – **obstupefacere** betäuben, bestürzen, in Angst und Schrecken versetzen. – **spe conatuque** (hoffnungsvolles Beginnen) ist ebenso Hendiadyoin wie **vi et minis** (Gewaltandrohung). – **indemnatus** nicht durch ein ordentliches Gericht verurteilt.

**(15) est mihi tanti** (vgl. 1, 22) mit *subire* als Subjekt: ich lasse es mir gerne gefallen. – **tempestatem subire** sich einem Unwetter aussetzen. – **relevare** erleichtern, mildern, neutralisieren. – **(in armis) volitare** umherflattern, keck sein Wesen treiben. – **invidiosum est** es macht böses Blut, bringt in Misskredit.

**(16) dictitant** sie lassen fort und fort verlauten: das intensivum zu *dicere* unterstreicht die Furcht derer, die sich so äußern. – **latrocinari** Straßenräuberei treiben, unbefugt Krieg führen. – **praeter ... voluntatem** am Willen „dran vorbei", wider Willen.

**(17) dissimulare** *sc. se hostes esse* so tun, als ob nicht; sich verstellen, verhehlen. – **sanare** heilen, zur Vernunft bringen. – **sibi** „für sich selbst", im eigenen Interesse. Der Gedanke: sie sollen sich selbst zurückgegeben werden. – **placare rei publicae** mit dem Staat versöhnen. – **comparari** sich rekrutieren. – **exponam vobis:** durch seine nunmehr folgende Klassifizierung der Catilinarier beweist Cicero einigen seiner modernen Kritiker, dass er die sozialen Aspekte der Verschwörung sehr wohl verstanden habe; nur verlangt er Selbsthilfe statt Fremdhilfe und ist auch so redlich, hoffnungslose Fälle nicht schönzureden. – **medicina consilii atque orationis:** die explikativen Genitive erklären, worin die Medizin besteht, die das Übel der Verschuldung heilen soll.

**(18) in aere alieno** bei, trotz Schulden. – **dissolvere** ist doppelsinnig: sich vom Eigentum trennen, um sich (durch Abbezahlen mit dem dadurch eingenommenen Geld) von den Schulden zu trennen. – **species** äußere Fassade. – **locuples** begütert. – **causa** Sachlage, Interesse. – **familia** Gesinde (das als aktives Vermögen verstanden ist). – **adquirere ad fidem** Kredit steigern. – **tabulae novae** „neue Schuldbücher", (also der von Catilina versprochene) allgemeine Schuldenerlass (vgl. auch Cassius Dio 37,

30, 1). – **tabulae auctionariae** Ankündigung von Zwangsversteigerungen, die Cicero auch tatsächlich durchführte. In *De officiis* (2, 84) unterstreicht Cicero rückblickend, er habe in seinem Konsulat erreicht, dass es bei der Schuldentilgung kein Entweichen gab. Ebenda gibt Cicero auch noch zu verstehen, die Initiative zum Programm der Schuldenniederschlagung sei ursprünglich von Caesar zu einer Zeit ausgegangen, als er selbst noch hochverschuldet war. Catilina habe dieses Programm nur übernommen, und Caesar habe daran festgehalten, auch als er selbst schon lange keine Schulden mehr hatte. So sei Caesar, später der große Sieger, damals geschlagen gewesen – als Opfer seiner Freude am Verwerflichen selbst dann, wenn es ihm gar keinen Nutzen mehr brachte.

Irgendwann muss dann aber Caesar seine ihm angelasteten Sympathien für *tabulae novae* vergessen haben. Denn mitten im Bürgerkrieg, als neue Kredite nicht mehr gewährt und alte nicht mehr abgelöst wurden, griff er zur Bewältigung dieser Finanzkrise ausdrücklich nicht auf das Mittel der teils erhofften, teils befürchteten *tabulae novae* zurück. Stattdessen ordnete Caesar an, dass angesichts des im Krieg eingetretenen allgemeinen Preisverfalls die jeweils als Sicherheit eingesetzte bewegliche oder unbewegliche Habe den Schuldnern von den Gläubigern zum Vorkriegswert anzurechnen sei (De bello civili 3, 1). Anderenfalls – so erklären Sueton (Caesar 42) und Cassius Dio (41, 37–38) Caesars Regelung – hätten die Schuldner ihre Schulden nicht tilgen und die Gläubiger nicht erneut Darlehen gewähren können. Als es darauf ankam, handelte also Caesar nicht weniger seriös als Cicero. – **usura, -ae** Nutzung (eines Darlehens), Zinsen. – **cum fructibus praediorum certare usuris** mit den Erträgen der Güter gegen die Zinsen ankämpfen. – **his ... melioribus civibus uteremur** wir hätten sie als

... besssere Bürger. – **vota facere contra** verbal Gegnerschaft geloben.

**(19) dominatio** politische Herrschaft. – **rerum potiri** die Macht an sich reißen. – **perturbata** *sc. re publica*. – **praesentes**: die Vorstellung von der Epiphanie eines präsenten, weil sichtbar eingreifenden Gottes ist in der Antike äußerst lebendig (vgl. 2, 29 und 3, 18). – **quodsi iam sint ... adepti** sollten sie das aber wirklich einmal erreicht haben. – **quae** (Neutrum Plural) bezieht sich auf *cinere* und *sanguine*. – **fugitivo ... gladiatori**: der Sklavenaufstand unter Führung des Gladiators Spartakus war gerade erst seit neun Jahren niedergeschlagen. Der Gedanke: gleichwohl akzeptieren die Catilinarier auch entflohene Sklaven als Kämpfer, die sie dann als Erste wieder ausrauben werden. Vgl. auch 2, 9; 2, 24; 3, 8; 3, 12; 4, 4.

**(20) aetate adfectum** vom Alter gezeichnet. – **succedit**: Catilina folgt C. Manlius nach Etrurien nach. – **ex eis coloniis, quae Sulla constituit**: Sulla hatte in Etrurien ca. 120.000 seiner Soldaten angesiedelt (Appian 1, 104). – **universas** im Ganzen, im Allgemeinen. – **se sumptuosius insolentiusque iactare** sich allzu übermütig und verschwenderisch gerieren. – **beatus** mit Glücksgütern gesegnet. – **lectus** auserlesen. – **apparatus** prächtig. – **ab inferis** von den Toten: Sulla war 78 gestorben. – **agrestes** Landbewohner, die offenbar durch Sullas Enteignungen geschwächt und verarmt (*tenues atque egentes*) waren. – **direptor** Plünderer. – **dolor** Schmerz, schmerzhafte Erinnerung. – **inustus** eingebrannt, eingeprägt. – **pecus, -udis f.** Kleinvieh, Schaf; stumpfsinniger Mensch.

**(21) turbulentus** unruhig, ein buntes Gemenge bildend. – **emergere** auftauchen, hochkommen. – **vacillare** auf wackligen Füßen stehen – **vadimonium** Kaution; Erscheinen vor Gericht. – **proscriptio** öffentliche Ausschreibung von Privateigentum zum Verkauf; Zwangsversteigerung; Ächtung. – **lentus** (langsam, träge, zäh) **infitiator** einer, der zäh (seine Schulden) leugnet. – **conruere** (wie ein Gebäude) einstürzen. – **perire turpiter** schändlich zugrunde gehen (weil sie Krieg gegen das eigene Land führen).

**(22) parricida** Mörder; Hochverräter. – **sicarius** Meuchelmörder. – **facinorosus** ruchlos. – **divellere** (mit Gewalt) losreißen von. – **sane** fürwahr, allerdings, getrost. – **carcer, carceris m.**: in Rom gab es nur dieses eine Gefängnis, das Tullianum (Sallust 55, 3), das lediglich dazu diente, Verurteilte entweder bis zu ihrer Hinrichtung oder bis zur Erlegung des Strafgeldes zu inhaftieren. Freiheitsentzug als Gefängnisstrafe gab es nicht. Vgl. auch die Hinweise zum Umschlagbild. – **numero** (Register), **genere** (Typus), **vita** (Lebensstil): abl. limitationis. – **quod proprium ... est** weil sie (*postremum genus*: die letzte Gruppe) sein Eigentum ist. – **de eius dilectu** ganz nach seiner Wahl. – **immo vero de complexu eius ac sinu** oder vielmehr in seiner Umarmung und an seinem Busen. – **pexo capillo** (pectere, pecto, pexi, pexus kämmen) mit wohlgekämmten Haar. – **nitidus** schmuck und glänzend. – **barbatus** bärtig (was der Sitte widersprach). – **manicata et talaris tunica** die langärmelige und bis zu den Knöcheln reichende Tunica, wie sie die Frauen trugen, während die *tunica* der Männer ärmellos war und nur bis zu Knien reichte. – **amicire** umhüllen. – **velum** Segel, Hülle, weiter Umhang. – **expromere in antelucanis cenis** etwas bei Essgelagen, die bis zum Morgengrauen dauerten, beweisen.

**(23) impurus** lasterhaft. – **lepidus** niedlich, anmutig. – **delicatus** reizend, sinnlich, verwöhnt. – **sicas vibrare** Messer schwingend. – **spargere venena** Gift einträufeln. – **seminarium** Pflanzschule, Kaderschmiede. – **sibi**: dat. ethicus. – **mulierculae** Weibsbilder. – **his ... noctibus**: Cicero denkt an die unbehagliche Novemberwitterung. – **pruina** Rauhreif.

**(24) cohors praetoria** Leibgarde. – **scortum** hier offenbar nicht Freudenmädchen, sondern Lustknabe. – **gladiatori illi:** Catilina wird erneut mit Spartacus in eine Reihe gestellt: vgl. 2, 9. – **instruere** aufstellen, mobilisieren. – **confectus et saucius** entkräftet und angeschlagen. – **naufragorum eiecta et debilitata ... manus** an Land geworfener und geschwächter Haufen von Schiffbrüchigen. – **florem ... robur:** Metaphern für Elitesoldaten. – **respondebunt** werden gewachsen sein. – **tumulus silvestris** bewaldete Anhöhe. – **ornamentum** Ausrüstung. – **praesidium** Schutztruppe, Landwehr, Miliz.

**(25) suppeditare** reichlich ausstatten. – **causae** Sachen, Anliegen, politische Prinzipien. – **confligere** streiten. – **contendere** vergleichen. – **petulantia** Frechheit, Übermut. – **fraudatio** Übervorteilung, Betrügerei. – **continentia** Mäßigung, Uneigennützigkeit. – **temeritas** Kopflosigkeit. – **studia deficiunt** Eifer lässt nach.

**(26) mihi:** dat. auctoris. – **motus** Aufwand, Eingreifen, Einsatz. – **tumultus** Aufruf zu den Waffen (vgl. 1, 11 und 2, 28). – **de hac nocturna excursione Catilinae:** er verließ Rom am Abend des 7. November, an dem Cicero die erste Rede gehalten hatte (vgl. 2, 1; 2, 13; Sallust 32, 1). – **animo meliore:** abl. qualitatis. – **continere** in Schranken halten. – **maturare** beschleunigen.

**(27) hostes ... quia nati sunt cives;** vgl. den Kommentar zu 1, 3 sowie zum Zusatztext zur zweiten Rede. – **atque adeo** (= vel potius) oder vielmehr. – **mea lenitas adhuc** meine bisherige Milde. – **solutus** ungebunden; nachgiebig. – **quod reliquum est** für die kommende Zeit, künftig. – **insidiator** verdeckter Aufpasser. – **conivere, coniveo, conivi (conixi)** ein Auge zudrücken, nachgeben. – **inceptum** Beginnen, Plan. – **deprehendere** ergreifen, festhalten, sicherstellen; erwischen, ertappen, finden; geistig erfassen, erkennen, überführen (vgl. 3, 4; 3, 17).

– **vindex ... manifestorum scelerum** Rächer aufgedeckter Verbrechen.

**(28) motu ... tumultu** vgl. 1, 11 und 2, 26. – **me uno togato duce** durch mich allein als politischen Anführer. Für „politisch" steht bei Cicero immer wieder *togatus*, zumal eine Wendung wie *rei publicae gubernator* viel zu umständlich wäre. Ganz speziell bietet sich das Wort *togatus* auch in diesem Fall an, weil ihn das äußerlich von den Senatoren unterscheidet, die, wenn sie ein *s. c. u.* ausgesprochen hatten, die Curia verließen und in Kampfmontur wieder zurückkehrten (Cassius Dio 37, 33, 3; 38, 14, 7; 40, 46, 1; 41, 3, 1; 46, 29, 5; vgl. auch 3, 17 und 3, 23). – **sedare** beruhigen, beilegen, Einhalt gebieten. – **poenam sufferre (suffero, sustuli)** Strafe erleiden. – **necessario** ist Adverb. – **insidiosus** hinterhältig, heimtückisch.

**(29) fretus** (mit abl. instrumentalis) im Vertrauen auf. – **significatio** Wunderzeichen (vgl. 3, 18–22). – **qui** bezieht sich auf *deorum*. – **praesentes:** erneut operiert Cicero mit der Vorstellung von göttlicher Epiphanie. Bekanntestes Beispiel aus älterer Zeit *(quondam)* ist das Erscheinen der Brüder Castor und Pollux zu Pferde, als die Römer in der Schlacht am Regillussee 496 die Latiner besiegten (Cicero, De natura deorum 2, 6). – **numen** göttlicher Wille, göttliches Walten.

## Sallustius, Catilina 36, 1–3

**vicinitas** Nachbarschaft. – **sollicitare** aufwiegeln. – **exornare** ausstatten. – **insigne, -is n.** Zeichen, Symbol. – **hostes** waren die Catilinarier allesamt für Cicero von vornherein (vgl. 1, 3). Leicht verspätet hatte der Senat nunmehr wenigstens Catilina und Manlius endgültig und uneingeschränkt zu Feinden erklärt, die in einem damit ihr Bürgerrecht endgültig verloren hatten. Hingegen waren die von ihnen angeworbenen Milizen nur Feinde unter Vorbehalt, da ihnen ja bei rechtzeitiger Rückkehr Begnadigung zugesichert war. Gemäß diesem Vorbehalt hatten sie ihr Bürgerrecht nur auf Zeit verloren – wie Proskribierte, die während einer bestimmten Zeit straffrei getötet werden konnten und, wenn sie die Proskriptionsphase ungeschoren überstanden hatten, wieder in den Genuss der sie schützenden Bürgerrechte gelangten. Entsprechend hatte ja auch Cicero selbst (2, 27) den in der Stadt gebliebenen Catilinariern – *quamquam sunt hostes ... quia nati sunt cives* – einen moralischen Anspruch auf seine fürsorgliche Mahnung zugestanden. Sowohl das *s. c. u.* als auch die Erklärung zum *hostis* wurden, wie sich insbesondere noch in Ciceros Vierter Catilinarischer Rede erweisen wird, nicht rechtssystematisch, sondern pragmatisch je nach Interessenperspektive verstanden und angewendet. Während Cicero wohl mit Bedacht Caesar so versteht, als billige auch er den *hostes* nicht den Schutz der Bürgerrechte zu (4, 10), übergeht Caesar diesen Gesichtspunkt und fordert, man solle, da das so ungeheure Verbrechen ohnehin nicht adäquat bestraft werden könne, auf das zurückgreifen, was an gesetzlichen Grundlagen vorgegeben sei (his utendum censeo, quae legibus comparata sunt: Sallust, Catilina 51, 8). Die Catilinarier sollten also offenbar wie römische Bürger nach römischem Recht verurteilt werden. Dagegen blieben für Cicero alle Catilinarier, gleich ob sie den militärischen Arm in Etrurien oder den politischen in Rom darstellten, definitiv und ohne Ausnahme Feinde. In seiner noch im November 63 für Murena (§ 84) gehaltenen Rede legte er großen Wert auf die Feststellung, dass der Feind nicht nur in Etrurien steht; der Feind stehe gleichermaßen im Innern, in Rom, ja im Senat. – **sine fraude** ohne Schaden, ohne Nachteil. – **capitalis** todeswürdig.

## Ciceronis oratio in Catilinam tertia

(1) Quirites: **vgl. 2, 1**. – domicilium clarissimum imperii „Sitz der angesehensten Herrschaft" war das Forum, genauer das Comitium, der Platz der Volksversammlung als des obersten Beschlussorgans. – **hodierno die:** 3. Dezember 63. – **ex faucibus fati** aus dem Rachen eines (fast unentrinnbaren) Verhängnisses.

(2) **inlustris** erleuchtet, bedeutungsvoll. – **incertus** ungewiss, im Dunkel liegend: nicht bewusst. – **benevolentia famaque sustulimus** wir haben (ihn) durch unser Wohlwollen und ehrendes Gedenken in den Himmel gehoben (also die Apotheose des Romulus gewollt). – **delubrum** (für Sühne und Reinigung vorgesehenes) Heiligtum, Tempel. – **retundere, retundo, rettudi, retusus** zurückstoßen; stumpf oder unbrauchbar machen. – **mucro, -onis m.** Schwertspitze.– **iugulum** Kehle.

(3) **inlustrata** „ans Licht gebracht" (vgl. 1, 6), nachdem zuvor der Sachverhalt aufgedeckt *(patefacta:* vgl. 1, 32) und in Erfahrung gebracht *(comperta)* wurde. – **manifestus** (vgl. 3, 11; 3, 17) „mit Händen greifbar", offensichtlich, augenscheinlich; (durch Augenscheinliches) ertappt, überführt, erwiesen. – **comprehendere** erfassen, erkennen, ermitteln, in Worte fassen. – **semper vigilavi:** bezieht sich auf die Zeit zwischen dem 20. Oktober, an dem das *s. c. u.* erging, und dem 3. Dezember, dem Tag dieser Rede. – **principio** zuvörderst, um damit zu beginnen. – **absconditae insidiae** unsichtbare Nachstellungen. – **invidia** Neid, Missgunst; vorwurfsvoller Beigeschmack. – **exterminare** „aus den Grenzen heraustreiben", verbannen.

(4) **moliri, molior, molitus sum** in Bewegung setzen, im Schilde führen. – **tum demum** dann endlich. – **animis** mit dem Herzen, aus voller Überzeugung. – **providere** sorgen für, Vorkehrungen treffen – **ut comperi:** Ciceros Quelle

war Fabius Sanga. Sein Name fällt bei Sallust (Catilina 41, 1-5) und bei Appian (2, 4). – **legatos Allobrogum:** vgl. die Einleitung VIII; dokumentiert ist der Vorgang auch bei Sallust, Catilina 40f.; Florus 2, 12, 9; Plutarch, Cicero 18; Appian 2, 4; Cassius Dio 37, 34. – **tumultus** Aufstand. – **litteris mandatisque** mit schriftlicher Bestätigung und Aufträgen: es handelte sich um versiegelte Schreiben, die die Allobroger, von führenden Catilinariern unterschrieben, angeblich in ihrem Stamm zu ihrer Beglaubigung vorlegen wollten, sowie um einen Brief des Lentulus an Catilina (vgl. 3, 8 sowie Sallust, Catilina 44, 1-5). – **Volturcius:** ein Catilinarier, der die Allobroger im Sinne der Verschwörer lenken und überwachen sollte. – **manifesto** (Adverb) **deprehendere** (vgl. 2, 27) unabweisbar deutlich herausfinden und erkennen.

(5) Der Praetor **L. Valerius Flaccus** war im folgenden Jahr Statthalter in Asia Minor; im Jahre 59 wurde er in einem Repetundenprozess von Cicero und Hortensius verteidigt. – **qui omnia de re publica praeclara et egregia sentirent** „die alles über den Staat ausgezeichnet und hervorragend dachten", die eine in jeder Hinsicht vorbildliche Gesinnung gegenüber dem Staat hegten. – **recusatio** Weigerung, Einwand. – **mora** Aufschub, Zögern. – **negotium** Auftrag. – **pons Mulvius:** heute Ponte Milvio im Norden Roms. – **bipertito** (Adverb) in zwei Gruppen aufgeteilt. – **praefectura Reatina** die „von einem Präfekten verwaltete" Kreisstadt Reate nordöstlich von Rom. Patronus von Reate war Cicero, der daher ständig **(assidue)** die Dienste **(opera, -ae f.)** der Stadt in Anspruch nehmen konnte.

(6) **unaque** und zusammen mit. – **gladios educere** Schwerter ziehen. – **interventu** durch ihr Einschreiten (indem sie erklärten, warum der Angriff erfolgte). – **pugna ... commissa** der Kampf, der schon begonnen hatte. – **sedare**

beruhigen, beilegen, beenden. – **comitatus –us m.** Gefolge, Reisegesellschaft. – **integris signis** mit noch nicht erbrochenen Siegeln. – **ipsi:** die Allobroger mitsamt Volturcius. – **dilucescere** dämmern. – **Cimbrum Gabinium:** er hatte als Anstifter **(machinator)** mit den Allobrogern verhandelt und ihr Treffen mit den führenden Catilinariern arrangiert. Bei Sallust (Catilina 17, 4) heißt der Mann allerdings P. Gabinius Capito. Wäre Cimber ein weiteres cognomen, so müsste es nachgestellt sein. Dann muss Cimber, so könnte man vermuten, eine polemische Erfindung Ciceros sein, der ihn so zum Angehörigen des von Marius 101 bei Vercellae besiegten Feindvolkes stempeln will. – **in litteris dandis:** Der Brief umfasste drei Zeilen (vgl. 3, 12); bei dem Namen Lentulus hört der Römer unvermeidlich das Adjektiv lentus (langsam) mit.

**(7) cum** ist adversativ. – **tumultus** Aufruhr, Unruhe. – **consilium publicum:** der Senat. – **integer** frisch, anderswo noch nicht bekannt gegeben. – **repertus** gefunden, bestätigt. – **cogere** (ein Gremium) einberufen.

**(8) aedes/aedis -is f.** (ursprünglich: Herd, Raum) bedeutet im Singular Tempel (der aus nur einem Raum besteht) und im Plural Wohnhaus. – **introducere** (dem Senat nicht angehörige Personen) vorladen bzw. in das Senatsgebäude führen. – **servorum praesidio uti:** Cicero wird den Brief 3, 12 zitieren. Diese Information ist brisant. Den Römern dürfte der Sklavenkrieg, den vor erst acht Jahren Crassus und Pompeius an verschiedenen Fronten beendet hatten, noch in den Knochen gesteckt haben (vgl. auch 4, 4). Die Aussicht auf einen neuen Sklavenkrieg dürfte eine ähnliche Wirkung getan haben wie die immer wieder beschworene Kollokation *caedes et incendia* (vgl. auch den Zusatztext zu dieser Rede). Im Übrigen scheint Cicero die den Sklaven zugedachte Rolle erst jetzt bekannt geworden zu sein; sonst hätte er davon sicher schon im Zusammenhang mit dem Hinweis auf die Gladiatorengefahr (vgl. 2, 9; 2, 19; 2, 24) Gebrauch gemacht. Manlius rekrutierte tatsächlich zunächst Freie, dann aber auch Sklaven (Appian 2, 2; Cassius Dio 37, 33, 2). – **fides publica** zugesichertes freies Geleit; Versprechen der Straffreiheit. – **eo consilio, ut** in der Absicht, dass ... – **discriptum distributumque** eingeteilt und zugeordnet: zur Aufgabenverteilung unter den Catilinariern vgl. auch 1, 9 und 4, 13. – **praesto** (Adverb) zugegen, zur Stelle.

(9) L. **Cassius** hatte den Allobrogern kein Schriftstück übergeben, da er den Stamm persönlich aufsuchen wolle (Sallust 44, 2). – **fata Sibyllina** Sibyllinische Schicksalssprüche. – **Cinna** und **Sulla** waren Cornelier wie Lentulus; vgl. zur Ankündigung des Lentulus auch 4, 11 und 4, 12. – **responsa haruspicum** Bescheide der Opferschauer (auf entsprechende Anfrage). – **eundemque:** Lentulum. – **fatalis annus** vom Schicksal (unabwendbar) festgelegtes Jahr. – **post virginum absolutionem:** wenn Cicero den in der Einleitung II erwähnten Freispruch der Fabia im Auge hat, ist der Plural irritierend, zumal Cicero auch an anderer Stelle (4, 2; 4, 12 und Brutus 236) von Vestalinnen, also im Plural spricht. Auf jeden Fall galt Unzucht mit Vestalinnen als böses Vorzeichen, das Opfer zur Sühne und Unheilsabwendung verlangte. – **Capitolii incensio:** kein Ereignis wurde so sehr als Zeichen einer drohenden Katastrophe für das Reich gedeutet wie der Brand des Kapitols im Jahre 83 (Tacitus, Hist. 4, 54). Man war überzeugt, dass Brandstiftung die Ursache war, aber der Täter blieb unerkannt (Tacitus, Hist. 3, 72; Appian 1, 83). Im Jahre 69 wurde der wiedererrichtete Tempel geweiht.

(10) **Saturnalibus** (abl. temporis): bei den am 17. Dezember gefeierten Saturnalien empfing der Patronus seine Klienten, die ihm Geschenke mitbrachten. Das war in den Augen der Catilinarier die passende Gelegenheit für ei-

nen Mordanschlag. – **nimium longum est** es dauert zu lange. – **tabella** ein mit einer Schnur *(linum)* zugebundenes, zusammenklappbares Holztäfelchen, dessen innere, mit Wachs überzogene Fläche den mit Griffel geritzten Text enthielt. Die *tabella* konnte mit einem Siegel zusätzlich gesichert werden. – **incidere** aufschneiden. – **quae sibi (Cethego) eorum legati recepissent** was ihre Gesandten ihm gegenüber (an Verpflichtungen) übernommen hätten. – **ferramentorum studiosus** Liebhaber von Schmiedearbeiten (Waffen oder Geräten). – **debilitatus** gelähmt (weil sprachlos). – **abiectus conscientia** vom (schlechten) Gewissen entmutigt. – **conticescere, conticesco, conticui** verstummen. – **P. Cornelius Lentulus** (Konsul 162), der Großvater des Catilinariers Lentulus, nahm teil am Kampf gegen C. Gracchus und wurde dabei verwundet (4, 13). – **imago:** das Bild hätte den Enkel beeindrucken müssen wie die Ahnenbilder im Atrium, von deren Ausstrahlung eine prägende Wirkung auf die Nachkommen erwartet wurde. – Cicero hat diese Passage in direkter Rede wiedergegeben; das ist eine besondere, auch von Caesars *commentarii* bekannte Form der Hervorhebung, von der Cicero in dieser Rede noch zweimal (3, 12 und 3, 15) Gebrauch machen wird.

**(11) eadem ratione** (von gleicher Tendenz und Inhalt) kann sich als abl. modi auf *leguntur* und als abl. qualitatis auf *litterae* beziehen. – **indicio exposito atque edito** als die Anzeige zu Protokoll gegeben und verlesen war. – **per quem:** Gabinius (vgl. 3, 6 und 3, 14). – **scelere demens** unter dem Eindruck des Verbrechens in den Wahnsinn getrieben. – **cum** ist konzessiv. – **ingenium** geistige Anlage, Gewandtheit. – **vis sceleris manifesti atque deprehensi** (vgl. 2, 27; 3, 3; 3, 17) die Wucht des unwiderleglich erwiesenen Verbrechens. – **qua semper valuit** die ihn nie im Stich ließ.

**(12) litterae:** Sallust (Catilina 44, 5) zitiert diesen Brief von Cicero nur unwesentlich abweichend: Qui sim, ex eo, quem ad te misi, cognosces. Fac cogites, in quanta calamitate sis, et memineris te virum esse. Consideres, quid tuae rationes postulent. Auxilium petas ab omnibus, etiam ab infimis. – **quem in locum sis progressus** in welche Lage (aus der es kein Zurück gibt) du dich begeben hast. – **ecquid** = *num quid* – **infimi:** gemeint sind Sklaven; zur Bedeutung dieser Aufforderung vgl. 3, 8 und 4, 4. – **insimulare** beschuldigen, verdächtigen.

**(13) cum ... tum** zum einen ... andererseits ganz besonders. – **certissima argumenta** (höchst überzeugende Beweise) ... **atque indicia** (Aussagen, Anzeigen): dieser Ausdruck steht prädikativ zu **illa**. Das Demonstrativum *illa* wird erklärt durch **tabellae, signa, manus, denique unius cuiusque confessio.** – **obstupescere, obstupesco, obstupui** erstarren, betäubt werden. – **furtim** heimlich, verstohlen. – **indicare** (vor Gericht) anzeigen, verraten. – Zu **exponere** (protokollieren) und **edere** (öffentlich bekannt geben, verlesen) vgl. 3, 11. – **de summa re publica:** in der Existenzfrage unseres Staates. – **a principibus** von den angesehensten Männern (den gewesenen Konsuln). – **perscribere** niederschreiben, protokollieren.

**(14) virtute** Entschlossenheit (wie 4, 5). – **laudem impertire** Lob spenden. – **removere** entfernen, Verbindung abbrechen. – **se praetura abdicare** das Prätorenamt niederlegen. Lentulus vollzog seinen Rücktritt, indem er seine *toga praetexta* im Senat ablegte (vgl. 3, 15 und 4, 5; Plutarch, Cicero 19, 2 und Cassius Dio 37, 34, 2). – **viro forti, collegae meo, laus impertitur:** Ciceros Begründung, warum auch seinem Kollegen Antonius Hybrida Lob gespendet wurde, ist ein wenig verhalten; denn weder nennt er seinen Namen, noch unterschlägt er, dass sich Antonius erst noch von Catilina trennen musste. Antonius hatte nämlich bei der Konsulatsbewerbung gemeinsame Sache mit Catilina gemacht (Einleitung V) und wäre später gerne einer der *decemviri* des Rullus geworden (Einleitung VI). Wie Cicero Antonius gleichsam resozialisierte, erwähnt er an dieser Stelle nicht. In seiner Rede gegen Piso (§ 5) aber resümiert Cicero, er habe seinerzeit Antonius, der sich im Staat äußerst umtriebig verhalten habe (multa in re publica molientem), durch Geduld und Nachsicht allmählich beruhigt und ihn insbesondere dadurch auf seine Seite gezogen, dass er zu dessen Gunsten auf die reiche Provinz Makedonien verzichtet und auch die ihm zum Ersatz angebotene Provinz Gallien nicht übernommen habe (vgl 4, 23). Bei Sallust (Catilina 26, 4) heißt es für Antonius wenig schmeichelhaft: collegam suum Antonium (Cicero) pactione provinciae perpulerat, ne contra rem publicam sentiret. Plutarch (Cicero 12, 4) und Cassius Dio (37, 33, 4) berichten ebenfalls von dem Manöver. Cicero habe ihn, so heißt es bei Plutarch, wie einen für eine Aufführung engagierten Schauspieler auf seine Seite gezogen. – **custodia** freie Haft (bei einem Privatmann); vgl. 1, 19; 4, 5; 4, 10. Cicero sagt nicht, wer bei wem Aufnahme fand. Sallust (Catilina 47, 3–4) berichtet, Statilius sei Caesar zugewiesen worden und Gabinius Crassus. – **procuratio** Besorgung, Organisation. – **indicatum erat** es war angezeigt worden, laut Anzeige. – **in sollicitatione versatus** mit der Aufwiegelung befasst. – **novem:** außer den Anwesenden wurde nur noch Caeparius auf der Flucht erwischt (Sallust, Catilina 47, 4); den Übrigen gelang die Flucht. Fünf Catilinarier wurden hingerichtet (Zusatztext 3 zur vierten Rede = Sallust, Catilina 55).

**(15) supplicatio** Dankfest. – **meo nomine** in meinem Namen, mir zur Ehre. – **togato:** ein Dankfest für einen Zivilisten ist besonders bemerkenswert, weil dieses bislang nur für militärische Siege angesetzt wurde. – **bene gesta ...**

**conservata re publica:** Diese Gegenüberstellung wiederholt Cicero in seinem Brief an Atticus (2, 1, 6 vom 30. Juni 60; vgl. die Einleitung X)). In seiner Rede gegen Piso (§ 6) erinnert Cicero erneut in gleich lautender Begründung an seine Auszeichnung: Mihi togato senatus non ut multis bene gesta, sed ut nemini conservata re publica singulari genere supplicationis deorum immortalium templa patefecit. Dieses Insistieren gehört zu Ciceros unausgesprochen ausgesprochener Auseinandersetzung mit Pompeius (vgl. 3, 26 und 4, 21). – **si conferatur, hoc interest** wenn man vergleichen wollte, zeigt sich folgender Unterschied. – **indicium patefacere** Anzeige erstatten; Aussagen offenlegen. – **religio C. Mario ... non fuerat quo minus C. Glauciam ... praetorem occideret** Marius hatte keine Skrupel, den Praetor C. Glaucia zu töten (die eigentlich hätten aufkommen können, weil eine Amtsperson während ihrer Amtszeit sakrosankt war). **Servilius Glaucia** wurde allerdings von der aufgebrachten Volksmenge erschlagen und nicht von Marius (vgl. 1, 4). Die Aufrührer hatten sich in den Capitolinischen Jupitertempel geflüchtet, mussten aber wegen Wassermangels aufgeben; sie kamen dann in die curia Hostilia, in die die Menge eindrang, um sie dort zu töten (Velleius Paterculus 2, 12, 6).

(16) **consceleratus** frevelhaft. – **comprehensus** verhaftet, im Arrest. – **somnus:** Cicero meint den Schlaf des wider seine Gewohnheit nachts Briefe schreibenden Lentulus (vgl. 3, 6). – **L. Cassius** wird im *argumentum* des Asconius zu Ciceros Rede „In toga candida" als Tölpel beschrieben, der sich später als schlimmster Scharfmacher entpuppte. – **adeps, adipis** m./f. Fett; metonymisch: Fettwanst. – **aditus omnium** Zugang zu allen. – **temptare** versuchen, bearbeiten. – **consilium aptum** zweckdienliche Planung. – **descriptus** bezeichnet, für eine Aufgabe bestimmt.

**(17) paratus** schlagfertig. – **in perditis rebus diligens** noch in hoffnungsloser Lage umsichtig. – **castrense latrocinium** Räuberlager. – **moles mali** die Last des Unheils. – **Saturnalia:** vgl. 3, 10. – **tanto ante** so lange vorher. – **committere, ut ...** es dahin kommen lassen, dass ... – **deprehendere** abfangen. – **palam inventum** vor aller Augen aufgedeckt. – **coniuratio manifesto** (Adverb: vgl. 3, 3) **inventa atque comprehensa est** sie ist erwiesenermaßen aufgedeckt und aufgeklärt. 3, 4 hieß es noch *manifesto deprehendere*, aber Cicero gebraucht nunmehr *comprehendere* bzw. die Form *comprehensa*, da er eben erst *deprehendere* im ursprünglichen Sinne gebraucht hat. – **ut levissime dicam** um es recht milde auszudrücken. – **tantis periculis** ist abl. separativus. – **pace, otio, silentio** (abl. modi): mit diesem Trikolon betont Cicero erneut, dass er die Krise als *vir togatus* meisterte (vgl. 2, 28 und 3, 23). In seiner zweiten Rede *De lege agraria (2, 9)* unterstreicht Cicero, dass er mit diesen Begleitumständen genau die wahren popularen Interessen bedient habe: Quid tam populare quam pax? In derselben Rede heißt es später ähnlich: Nihil est tam populare quam id, quod ego vobis in hunc annum consul popularis adfero, pacem, tranquillitatem, otium (2, 102).

**(18) quamquam** im Hauptsatz: indes, jedoch. – **nutu atque consilio** auf Wink und Rat (der Götter). – **provisus** (vorausschauend geplant) präludiert schon der im Folgenden ins Spiel gebrachten stoischen Lehre von der göttlichen *providentia*, der vorausplanenden und warnenden Fürsorge der Götter für die Menschen. – **idque** bezieht sich auf die auch 2, 29 beschworene Möglichkeit göttlichen Eingreifens. – **cum ... tum** einerseits ... andererseits ganz besonders. – **coniectura consequi** (die Erklärung eines Sachverhalts) durch Vermutung erreichen. Jeder Strafprozess, der sich zur Klärung der Frage „*an fecerit*" oder „*quis fecerit*" weder auf Augenzeugen noch auf ein Geständnis stützen kann, ist unweigerlich auf die *coniectura* angewiesen (Cicero, De inventione 2, 14–16); tatsächlich steht *coniectura consequi* im Gegensatz zu *oculis videre.* – **humani consilii** (gen. possessivus) ... **est** es liegt im Rahmen der Möglichkeiten menschlicher Planung. – **tulerunt** sc. *dei immortales.* – **ab occidente** auf der westlichen (Unglücks)seite. – **faces ardoremque caeli:** die Fackeln stehen für einen feurigen Meteor und der helle Glanz des Himmels für die Wirkung von Kometen, wie in den folgenden Zeilen durch Rückgriff auf die einschlägige Passage aus „De divinatione" noch zu untermauern ist. – **fulminum iactus** „Schleudern der Blitze", Blitzschläge. – **nobis consulibus** während meines Konsulats. – **canere** singen, verkündigen, weissagen. Mit diesem Hinweis auf Prodigien (Vorzeichen der Götter) versichert Cicero dem Volk, dass die Götter die Menschen in den Genuss ihrer von der stoischen Philosophie mit großem Aufwand verfochtenen *providentia* kommen lassen. Auf die hier gemeinten Vorzeichen, die vor der drohenden Verschwörung warnen sollen, ist Cicero an anderem Ort noch ausführlicher eingegangen. In seinem philosophischen Dialog „De divinatione" (1, 17–22) zitiert sein Gesprächspartner, sein Bruder Quintus, auswendig aus Ciceros für uns verlorenem Epos „De consulatu suo", dessen griechische Fassung er in seinem Brief an Atticus vom 15. März 60 (1, 19, 10) ankündigt. Bezeugt ist das Epos als Titel noch in dem Brief an Atticus 1, 20, 6 (Juni 60) sowie bei Plutarch, Crassus 13, 3 und Caesar 8, 3 und ferner bei Cassius Dio 46, 21, 4. In seinem Brief an Atticus (2, 3, 3–4) vom Dezember 60 macht Cicero deutlich, dass sich sein Epos nicht nur an andere wendet, sondern auch an ihn selbst. Als er nämlich von der Möglichkeit spricht, er könne sich vielleicht auch mit Caesar aussöhnen, beschwört er sich sogleich mit einer Mahnung aus dem dritten Buch seines Epos, er solle nie vom Kurs abweichen:

„Interea cursus, quos prima a parte iuventae
quosque adeo consul virtute animoque petisti
hos retine atque auge famam laudesque bonorum."

In diesem Epos also, und damit zurück zum Ausgangspunkt, lässt Cicero Urania, die Muse der Astronomie, die Prodigien aus seiner eigenen Amtszeit aufzählen und darauf die aus dem Jahr 65, weil diese noch eine entscheidende Bedeutung gewinnen für das Jahr 63. In Ciceros Amtsjahr fallen an Prodigien Kometen (claro tremulos ardore cometas), eine Mondfinsternis und ein feuriger Meteor (Phoebi fax), der wie ein mächtiger Balken gen Westen, also in die Unglücksrichtung strebte. Im Epos wird auch der Bürger erwähnt, der aus heiterem Himmel von einem Blitz getroffen wurde, allerdings ohne Nennung des Namens des Vargunteius (vgl. den Kommentar zu 1, 9). Schon vor langer Zeit im Jahre 83 hatte sich Jupiters Wüten sogar gegen seinen eigenen Tempel gerichtet, dessen Brand als dringende Warnung vor einer Gefahr verstanden wurde, der nur durch geeignete Sühnemaßnahmen zu entkommen sei (vgl. 3, 9 und Sallust, Catilina 47, 2). Im Jahr 65 unter dem Konsulat des Cotta und Torquatus überstürzten sich die Warnungen: Blitze trafen neben anderen Statuen auch die des Jupiter und der Wölfin samt ihren kleinen Zöglingen, ebenso eherne Gesetzestafeln (vgl. 3, 19:). Diese Aufzählung der Zeichen in Ciceros Epos wird übereinstimmend bei Julius Obsequens (Prodigiorum liber 61) und bei Cassius Dio (37, 34, 3–4) bestätigt.

Triumphierend beschließt das Epos das Thema mit der Gleichzeitigkeit der Aufdeckung der Verschwörung und der Fertigstellung der neuen Jupiterstatue, die auf Anraten der Seher nunmehr in östlicher Richtung auf das Forum blicke (vgl. 3, 20). Zu einer genau bestimmten und bezeichneten Stunde (una fixi ac signati temporis hora) sei die Sühnehandlung, die Jupiter mit seinen Blitzschlägen einforderte, abgeschlossen gewesen (De divinatione 1, 21; vgl. 3, 20 f.). – So gelegen Cicero all das angesichts der Wirkung auf das Volk auch kommen mochte und so nachdrücklich er daher in seiner Rede den Zusammenhang zwischen Vorzeichen und glücklichem Ausgang der Dinge hervorhob, so bezweifelte er anders als sein Bruder Quintus gleichwohl in seiner späteren Antwort, dass den Blitzen zwingend eine praktische Bedeutung zukomme. Was sollten dann die vielen Blitze, die unbemerkt ins Meer einschlagen, ohne Spuren zu hinterlassen? Und war die Fertigstellung der Statue im rechten Augenblick nicht eher dem Zufall der Säumigkeit zuzuschreiben, mit der der von Cotta und Torquatus beauftragte Unternehmer die Arbeit ausgeführt hatte (De divinatione 2, 44–47; vgl. aber 3, 20)?

Ciceros Einwände aus der Perspektive des bekennenden Akademischen Skeptikers klingen auf den ersten Blick wie ein Dementi seines Epos sowie der entsprechenden Ausführungen in der Dritten Catilinarischen Rede. Bei näherem Zusehen liegt jedoch nur ein scheinbarer Widerspruch vor. Denn ein in Hexametern abgefasstes Epos ist nicht jener strengen Vernunftkritik verpflichtet, die man von einem nüchternen philosophischen Dialog erwarten darf. Man sollte aber den scheinbaren Widerspruch nicht nur auf die Verschiedenheit der Gattungen Epos und philosophischer Dialog zurückführen. Cicero macht auch einen Unterschied in der Sache geltend. Zwar bezweifelt er, obwohl er selbst dem Augurenkollegium angehörte, ganz entschieden, dass das Augurat (Vogelschau) noch auf einem theoretisch haltbaren Fundament beruht, will aber gleichwohl aus praktischen Rücksichten auf Tradition, Volksaberglauben und Staatsräson die Seherkunst am Leben erhalten (De divinatione 2, 70 f. und 75; vgl. auch

„De legibus" 2, 32). In der Tat macht ja auch Cicero auf die göttlichen Wunderzeichen nicht in einer Senatsrede aufmerksam, sondern vor dem Volk, das auf dergleichen offenbar noch ansprechbar war.

**(19) Cotta et Torquato consulibus:** im Jahr 65. In seinem Epos hatte Cicero ja unterschieden zwischen den Vorzeichen der Jahre 65 und 63. – res „Objekte". – (de caelo) **percussus** (vom Blitz) getroffen. – **depulsus** (vom Sockel) herabgestoßen. – **aera legum** (aes, aeris n.) bronzene Gesetzestafeln. – **liquefacere** flüssig machen, schmelzen. – **tactus** berührt, getroffen. – **inauratus** vergoldet. – **lactare** säugen, saugen. – **uberibus** (uber, uberis n.) **lupinis inhiantem:** gierig nach den Zitzen der Wölfin schnappend. – **haruspex** Opferschauer, der aus der Qualität der Eingeweide der Opfertiere abliest, was zu tun ist. – **occasus, -us m.** Untergang. – **omni ratione placare** auf jede denkbare Weise besänftigen. – **numen** „Nicken", Wink, göttliches Walten. – **fatum flectere** den (im Grunde auch für Götter unumstößlichen) Schicksalsspruch (durch Umstimmen) abwenden.

**(20) illorum responsis** aufgrund der Bescheide jener (der Opferschauer). – **ludi (votivi)** außerordentliche Spiele. – **iidemque iusserunt** sc. haruspices. – **in excelso** auf hohem Sockel. – **contra atque** im Gegensatz zu. – **ad orientem:** nach Osten, also nicht zur Unglücksseite nach Westen – **signum** Zeichen, Feldzeichen; Bild, Statue. – **curia:** vgl. 1, 32 und 4, 2. – **inlustrare** ans Tageslicht bringen (vgl. 1, 6). – **locare** vermieten; in Auftrag geben. – **neque ante hodiernum diem** nicht vor dem heutigen Tag: das heißt positiv, wie auch im folgenden § bestätigt, dass Cicero die Jupiterstatue soeben in der gewünschten Richtung hat aufstellen lassen. Auf dieses zeitliche Zusammentreffen legt Cicero an dieser Stelle und ebenso ja auch in seinem Epos größten Wert.

**(21) aversus a vero** „von der Wahrheit abgewendet", die Augen vor der Wahrheit verschließend. – **praeceps** unbesonnen, verstockt. – **mente captus** wahnsinnig, verblendet. – **nutus, -us m.** Nicken, Wink, Gebot. – **responsum** sc. durch die etruskischen Opferschauer. – **suscipere** unternehmen, ausführen. – **sensistis** ihr habt es erfahren. – **illud** sc. *signum*. – **index** Informant. – **in aedem Concordiae:** vgl. den Kommentar zu 4, 14. – **quo** sc. *signo*. – **converso** „ausgerichtet" (zu euch und zum Senat, also in Richtung auf das tatsächlich östlich zum Kapitol liegende Forum).

(22) **supplicium** Bußfest, Buße; Strafe, Hinrichtung. – **funestus** den Tod betreffend; unheilvoll, verderblich. – **sumam ... sim:** potentiale Konjunktive. – **hanc mentem voluntatemque suscepi** ich habe diesen Willen und diese Absicht mir zu Eigen gemacht. – **indicium** Aussage, Beweis. – **credere** glauben, anvertrauen. – **committere** überlassen. – **consilium** Wohlberatenheit, Besonnenheit. – **pacare** befrieden, beruhigen, stabilisieren. – **quae una gens restat quae bellum populo Romano facere posse et non nolle videatur:** Tatsächlich wagten die Allobroger im Jahre 61 einen Aufstand, der vom Statthalter C. Pomptinus niedergeworfen wurde (Cassius Dio 37, 47–48). Im Jahre 58 hofften die Helvetier auf Teilnahme der Allobroger an ihrem geplanten Exodus, quod nondum bono animo in populum Romanum viderentur (Caesar, De bello Gallico 1, 6, 3). – **imperium** Herrschaft (über das eigene Territorium), also Autonomie. – **res maximae** größte politische Vorteile. – **ultro** obendrein, aus freien Stücken, ohne eigenes Zutun. – **divinitus** (Adverb) durch göttliche Fügung.

(23) **pulvinar, -aris n.** Götterpolster, Tempel. – **supplicatio** Dankfest. – **dimicatio** Kampf. – **me uno togato duce** (Oxymoron) mit mir allein als Heerführer in Zivil (vgl. 2, 11; 2, 28; 3, 17; 4, 20–22).

(24) **P. Sulpicius Rufus:** von Sulla geächteter Volkstribun. – **interimere** aus dem Wege räumen, vernichten. – **Cn. Octavius:** Sullaner, Konsul 87, der seinen Kollegen

Cinna mit einem bewaffneten Haufen für einige Monate aus Rom vertrieb, nachdem dieser auf dem Forum Anträge zum Nachteil der Nobilität gestellt hatte. – **acervus** Haufen. – **redundare** triefen, überströmen. – **lumen** Licht, Leuchte, Zierde. – **ultus est ... Sulla:** im Jahr 82. – **quanta deminutione civium:** nach Florus 2, 8, 24f. betrug die „Verminderung" der Zahl der Bürger insgesamt 76.000. – **M. Aemilius Lepidus** (Konsul 78) wollte Sullas Verfassung rückgängig machen, flüchtete unter dem Druck des Q. Lutatius Catulus nach Sizilien und starb dort (Velleius Paterculus 2, 19–22). – **luctus, -us m.** Trauer.

(25) **reconciliatio** Wiederherstellung, Aussöhnung. – **internicio** (auch *internecio*) Ermordung, vollständige Vernichtung. – **diiudicare** Urteil fällen, entscheiden. – **barbaria** Barbarenrreich. – **cum sua gente** gegen die eigenen Stammesangehörigen. – **salvus** gesund (im wirtschaftlichen Sinne). – **cum** (adversativ) während. – **infinitus** grenzenlos, unaufhörlich, maßlos, ungeheuer. – **quantum infinitae caedi restitisset** (inf. Praes.: restare) so viele dem grenzenlos wütenden Morden entgangen sind.

(26) **praemium virtutis** Lohn der Tapferkeit. – **insigne** (gen. insignis n.) **honoris** Ehrenzeichen. – **monumentum laudis** Ruhmesmal. – **ornamentum honoris** äußere Ehrung. – **mutus** stumm (wie ein Denkmal oder ein Orden). – **inveterascere** sich einbürgern, sich einnisten, sich festsetzen. – **corroborare** stärken, festigen. – **dies** ist in der Bedeutung „Frist, Datum, Zeitraum" feminini generis. – **propagare** ausbreiten, längere Dauer verleihen; im Passiv: von langer Dauer sein. – **alter ... alter:** der eine ist Pompeius, dessen militärische Leistung im Kommentar zu 2, 11 dargestellt ist; der andere ist Cicero, ohne dessen politische Leistung die Siege des Pompeius vergeblich errungen wären. In diesem Zusammenhang sind zwei Hexameter aus dem Epos „De consulatu suo" zu beachten, die

in voller Länge in einer Sallust zugeschriebenen Invektive gegen Cicero erhalten sind. „O fortunatam natam me consule Romam" und „Cedant arma togae, concedat laurea linguae", quasi vero togatus et non armatus ea, quae gloriaris, confeceris. In seiner Antwortinvektive gegen Sallust antwortet Cicero: An ergo tunc falso scripsi: „Cedant arma togae", qui togatus armatos et pace bellum oppressi? An illud mentitus sum: „O fortunatam natam me consule Romam", qui tantum intestinum bellum et domesticum urbis incendium exstinxi?

Cicero musste darauf bedacht sein, dass ihm sein Ruf als vir nihil minus quam ad bellum natus (Livius, Periochae 111) nicht zum Nachteil gereichte, und deshalb den militärischen Sieg hinter dem politischen einordnen. Plutarch macht nicht von ungefähr Ciceros Neigung zum Selbstlob am „cedant arma togae" fest (Vergleich des Demosthenes und Cicero 2, 1). Wie schon mehrfach in den Catilinarischen Reden betonte Cicero auch in seiner Verteidigung für Sulla (§ 33), er habe voller Todesverachtung, aber ohne Heer und Waffen durch die Verhaftung und das Geständnis von fünf Verschwörern einen existenzbedrohenden Angriff auf Rom abgewehrt. In seiner Senatsrede gegen Piso (§§ 72 f.) wehrt sich Cicero gegen die Unterstellung, er habe Pompeius mit seinen Hexametern abwerten wollen. Der Ton läge darauf, dass die Waffen ein Symbol des Krieges seien und die Toga ein Symbol des dem Krieg vorzuziehenden Friedens. Im Übrigen habe er schon sehr viel zum Lobe des Pompeius gesagt, was ja wohl ein einziger Vers nicht aus der Welt schaffen könne. Voller Stolz erinnert Cicero schließlich in der Verteidigungsrede für Sestius (§ 129) daran, dass der große Pompeius an den Senat einen Entschließungsantrag des Inhalts gestellt habe, es sei allein Cicero gewesen, der das Vaterland gerettet habe. Dem hätten alle Senatoren außer Clodius zugestimmt. Ausschlaggebend war also der politische Sieg. Also gab sich Pompeius mit seinem Antrag geschlagen und erkannte den Primat des Politischen an; und Cicero hatte demonstriert, dass man nicht immer alles sagen muss, was man eigentlich meint.

**(27) condicio** Bedingung, Lage, Los. – **mihi cum iis vivendum est:** vgl. 2, 11 und 4, 22. – **mihi mea** (*sc. facta*) **ne quando obsint:** dieser Wunsch sollte sich nur bedingt erfüllen. Als Cicero die Reden gegen Catilina im Jahre 60 aufgezeichnet hatte (ad Atticum 2, 1, 3), konnte er von seiner Verbannung noch nicht wissen, hatte aber wegen der Hinrichtung der Catilinarier schon hinreichend Anfeindungen erfahren (vgl. die Einleitung X und XI). – **boni** die Anständigen, die wahren Patrioten. – **se indicare** sich selbst anzeigen, verraten.

**(28) ultro** unaufgefordert. – **lacessere** herausfordern. – **impetus** Angriff. – **depulsus** (*sc. a. me*) abgewehrt. – **condicio** wie 3, 27. – **ad fructum vitae acquirere** im Blick auf die bisherige Lebensleistung noch hinzugewinnen. – **in honore vestro** wenn es um eure Ehrung (für mich) geht (sofern ihr mich zum Konsul gewählt habt). – **in gloria virtutis:** bezieht sich auf Ciceros bei der Niederwerfung der Catilinarier bewiesene Entschlossenheit.

**(29) quae gessi in consulatu:** Cicero steht kurz vor dem Ende seines Konsulats. – **tueri** schützen, verteidigen. – **ornare** ausschmücken, verherrlichen: Cicero hatte über sein Konsulat einen *commentarius,* also eine „Gedächtnisstütze", verfasst (ad Atticum 2, 1, 1), die er zu dem im Kommentar zu 3, 18 schon erwähnten Epos „De consulatu suo" ausarbeitete. – **invidiam suscipere** sich Feindschaft zuziehen. – **me tractabo** = *versabor.* – **casu** aus bloßem Zufall. – **venerati** „nachdem ihr verehrt habt" (wie es sich am Ende jeder Senatssitzung und Versammlung des Volkes gehörte). – **aeque ac priore nocte** ebenso wie in der vorigen Nacht (als die Allobroger am pons Milvius aufgegriffen wurden).

## Sallustius, Catilina 48, 1–2

**cupidus rerum novarum** an einem Umsturz interessiert.
– **exsecrari** und **tollere** sind sog. historische Infinitive. –
**agitare** lebhaft äußern. – **inmoderatus** maßlos. – **calamitosus** schädlich, verderblich. – **quippe quoi** (statt cui) **omnes copiae in ... erant** „da ihm (dem Volk) ja alle Güter ... bestanden", da ja alles, was das Volk hatte, bestand aus ...
– **omnes copiae** Hab und Gut. – **usus, -us** Gebrauch, Nutzen, Bedarf. – **cultus** Bearbeitung; Lebensart; Kleidung.


## Ciceronis oratio in Catilinam quarta

**(1) patres conscripti** (vgl. 1, 4): Cicero greift in eine Senatsdebatte mit einer Rede ein, die er naturgemäß unmöglich vorbereiten konnte. Den Stand der Debatte wird er im Folgenden skizzieren. Notwendig wurde die Debatte, weil Gerüchte umliefen, dass Helfershelfer eine Befreiung der Catilinarier aus ihrer Privathaft planten (Appian 2, 5). Cicero erfuhr davon in der Nacht vor dem 5. Dezember. Noch bevor er an diesem Tag den Senat einberief, hatte er das Forum und das Capitol von Bewaffneten besetzen lassen. Es war Gefahr im Verzug. Cicero stand unter Zeitdruck und war sich auch nicht sicher, wie die Menge reagieren werde (Appian 2, 6). Da benötigte Cicero dringend eine Senatsentscheidung, wie mit den Verschwörern zu verfahren sei. Dass Cicero überhaupt dem Senat diese Frage zur Entscheidung vorlegte, bedeutet, dass der Senat mit dem *s. c. u.* nicht einmal dann seine Beratungs- und Entscheidungskompetenz niederlegte, wenn die Zeit drängte. Im Übrigen entlastet es jeden amtierenden Konsul, wenn er vortragen kann, er habe seine exekutiven Maßnahmen keineswegs aus eigener Machtvollkommenheit ergriffen. – **sollicitus** beunruhigt. – **condicio** (vgl. 3, 27): was Cicero darunter versteht, ist im folgenden § ausgeführt. – **parere, pario, peperi, partus (pariturus)** gebären, hervorbringen, gewährleisten.

**(2) in quo omnis aequitas continetur** wo alles, was recht und billig ist, seinen Ort hat. – **consularibus auspiciis consecratus:** unter Leitung des Konsuls geweiht (und zwar für die Zeit, in der auf dem *campus Martius* unter Vorsitz der amtierenden Konsuln deren Nachfolger gewählt werden). – **curia (Hostilia):** gewöhnlich das Versammlungsgebäude des Senats, der für den Schutz der unterworfenen Völker zuständig war. – **lectus, -i m.** Bett. – **sedes honoris:** die *sella curulis* des Konsuls, ein mit Elfenbein ausgelegter Sitz. – **multa tacui:** etwa über Caesar und Crassus, die nicht über jeden Verdacht erhaben waren. – **multa meo quodam dolore in vestro timore sanavi:** ich habe vieles gewissermaßen unter eigenen Schmerzen geheilt, während ihr (passiv) in Furcht verharrtet. – **exitus consulatus:** Ciceros Konsulat währte keine vier Wochen mehr. – **vexatio** Misshandlung. – **vastitas** Verwüstung. – **vates** Seher. – **nomen ... fatale** der schicksalhafte Name (des Lentulus: vgl. 3, 9; 3, 11; 4, 12). – **laetari** sich freuen, Genugtuung empfinden.

**(3) pro eo ... ac** in dem Maße wie. – **omnes deos ... pro eo mihi ac mereor relaturos esse gratiam** dass sie mir in dem Maße, wie ich es verdiene, „vergelten" werden. – **si quid obtigerit** (statt *acciderit*) wenn mir etwas passieren sollte. – **consulari** einem gewesenen Konsul. – **ferreus** gefühlsroh. – **fratris:** Quintus Cicero, als designierter Praetor anwesend, hatte neben anderen Senatoren ebenfalls Caesars Antrag zugestimmt, die Catilinarier nicht mit dem Tode zu bestrafen, und wäre dabei geblieben, wenn nicht Cato d. J. den Senat in einer fulminanten Schlussrede wieder umgestimmt hätte (Sueton, Caesar 14). Quintus hatte sich offenbar wegen der denkbaren Folgen, wie Cicero ja auch zu verstehen gibt, berechtigte Sorgen um seinen Bruder gemacht. Laut Plutarch (Cicero 20, 2) sollen allerdings Bruder Quintus und Ehefrau Terentia Cicero zu entschlossenem Handeln aufgefordert haben. – **neque ... non ... saepe** durchaus häufig. – **exanimatus** erschöpft. – **abiectus** zu Boden geworfen, entmutigt, verzagt. – **aliquem obsidem amplecti** jemanden als Geisel festhalten (dafür dass ich als Konsul meine Pflichten gegenüber dem Staat erfülle). – **gener, generi m.** Schwiegersohn: C. Calpurnius Piso. – **in eam partem** nur insoweit. – **illi:** die Catilinarier.

**(4) incumbere** sich etwas angelegen sein lassen. – **circumspicere** um sich blicken, beobachten. – **providere** Vorkehrungen treffen. – **procella** (Sturm) setzt das Bild vom Staatsschiff voraus. – **agrarii** Anhänger der Bodenreform. – **C. Memmius** wurde als Kandidat bei den Konsulatswahlen 99 von L. Appuleius Saturninus (vgl. 1, 4) ermordet. – **discrimen** Entscheidung. – **iudicium** Urteil. – **manus** Handschrift (vgl. 3, 10–13). – **sollicitantur Allobroges:** vgl. 3, 4–10. – **servitia excitantur:** zur Bedeutung dieses Hinweises vgl. 1, 27; 2, 9; 3, 8; 3, 12; 4, 13. – **lamentari** wehklagen, bejammern.

**(5) index** Informant. – **reus** Angeklagter. – **se abdicare:** vgl. 3, 14. – **supplicatio meo nomine:** vgl. Cat. 3, 15; 4, 10. 20. – **praemia:** Sklaven wurden mit der Freiheit und 100.000 Sesterzen belohnt, Freie als Kronzeugen mit Straffreiheit und 200.000 Sesterzen (Sallust, Catilina 30, 6). – **nominatim:** die Catilinarier wurden bei bestimmten „namentlich" genannten Persönlichkeiten – u. a. Caesar und Crassus – in Haft gegeben (Sallust, Catilina 47, 3–4; vgl. 3, 14; 4, 10).

**(6) institui referre ad vos ... tamquam integrum** ich habe mich angeschickt, euch die Sache wie eine noch offene, unentschiedene Frage vorzulegen. Cicero war nach eigener Aussage zuständig für die Verhaftung der Catilinarier, der Senat aber für die Verhängung der Strafe (Philippica 2, 18). Bevor Cicero unter dieser Prämisse in die Debatte eingriff, hatte Caesar mit seinem Plädoyer gegen die Todesstrafe für die Catilinarier einen Meinungsumschwung bewirkt, der schon recht gefestigt schien. Caesar widersprach damit dem Antrag auf Todesstrafe, den die beiden designierten Konsuln und vierzehn gewesene Konsuln vertraten (vgl. ad Atticum 12, 21, 1 = Zusatztext zur vierten Rede).

Angesichts des von Caesar ausgelösten Stimmungsumschwungs beantragte Ti. Claudius Nero (der leibliche Vater des späteren Kaisers Tiberius), Cicero solle nach Verstärkung der Wachen die Sache dem Senat erneut vortragen (Sallust, Catilina 50, 4). Die Zeit hatte Cicero aber nicht; zudem hatte er sich selbst schon längst für die Todesstrafe entschieden (vgl. 4, 7 und 4, 11–13); im soeben erwähnten Brief an Atticus (12, 21, 1) versichert Cicero indirekt, er habe sich in der Debatte auf die Todesstrafe festgelegt. Nur musste er in der durch Caesars Plädoyer eingetretenen Lage als Vorsitzender zunächst dafür sorgen, dass in der Debatte das Für und Wider vor einer endgültigen Entscheidung noch einmal mit größter Sorgfalt abgewogen wurde. Daher will er den bisherigen Verlauf der Debatte paraphrasierend zusammenfassen und erreicht dadurch, dass mindestens zum gegenwärtigen Zeitpunkt noch nicht abgestimmt wurde. Um jedem Verdacht einer Lenkungsabsicht zuvorzukommen, erklärt er so harmlos wie möglich, er werde lediglich vorausschicken (*praedicam*), was eben zum Sachverhalt *(illa)* gehöre. – **nova mala miscere et concitare** neue Übel (durch Umsturzpläne) zusammenbrauen und hervorrufen. – **mens** innere Überzeugung. – **sententiae** formulierte Anträge. – **ante noctem:** nur unter dieser Voraussetzung war der Senatsbeschluss gültig. – **ad-**

**finis** angrenzend, verwickelt. – **disseminare** ausbreiten, verbreiten. – **manare** sich fließend ausbreiten. – **serpere, serpo, serpsi, serptum** kriechen. – **sustentare** aufrechterhalten, aushalten; hinauszögern, aufschieben – **prolatare** aufschieben, verschleppen. – **vindicare** ahnden, bestrafen. **(7) C. Iulius Caesar** sprach als *praetor designatus*. – **acerbitates amplecti** Härten entschieden bejahen. – **severitas** Ernsthaftigkeit. – **punctum temporis** „Zeitpunkt", kurzer Augenblick. – **spiritus** Atemluft. – **usurpare** Gebrauch machen, ausüben, anwenden; prägnant auch: sich widerrechtlich aneignen bzw. anmaßen. – **recordatur:** so verteidigt Cicero indirekt Silanus; denn wenn der sich an ähnlich gelagerte Fälle „erinnert", kann er nicht, wie Caesar ihm vorhält (Sallust, Catilina 51, 18), ein *genus poenae novum* beantragt haben. – **supplicium** Bestrafung. – **miseriarum quietem:** so hatte Caesar tatsächlich argumentiert (Sallust, Catilina 51, 20; vgl. auch 1, 33). – **mortem oppetere** dem Tod entgegengehen. Cicero unterscheidet hierbei zwischen *sapientes* (Philosophen) und *fortes* (politischen und militärischen Amtsinhabern). Bei den Philosophen denkt er an die Stoiker, deren Ethik unter bestimmten Voraussetzungen den Selbstmord ausdrücklich verlangt: wenn man an unheilbaren Krankheiten oder unstillbaren Schmerzen leidet, wenn der Körper den Dienst versagt, wenn man sich für Vaterstadt oder Freunde opfern muss, wenn Tyrannen Sittenwidriges verlangen und wenn man in tiefe Armut oder delirierende Schwatzhaftigkeit verfällt (Stoicorum veterum fragmenta, ed. V. Arnim, III 757/768). – **vincula ... sempiterna:** „lebenslange Haft" wäre eine einzigartige Strafe (vgl. den Kommentar zu 2, 22). – **dispertire** (mit Dativ) aufteilen unter. – **ista res** dieser dein Antrag, also Caesars Antrag. – **iniquitas** unbillige Härte: worin diese neben der *difficultas* besteht, erläutert Cicero im folgenden §.

**(8) suscipere** (die Amtsführung) übernehmen. – **reperiam** *sc. eos, qui ... non putent.* – **adiungit** *sc. Caesar gravem poenam*: darin liegt die Unbilligkeit gegenüber den Munizipien. – **custodias circumdare** mit Sicherheitsmaßnahmen flankieren. – **sancire** unwiderruflich verlangen. – **quos condemnat** deren Verurteilung Caesar beantragt. – **consolari** trösten. – **publicare** einziehen, konfiszieren. – **adimere** wegnehmen, ein Ende setzen. – **ut aliqua ... formido ... esset proposita** damit irgendein Schreckgespenst vor Augen stünde. – **voluerunt** haben gewollt, haben angenommen (und zum akzeptierten Aberglauben gemacht). – **videlicet** natürlich.

**(9) mea interest** (analog zu *mea refert* aus ursprünglich *mea res fert*: „meine Sache bringt es mit sich") es ist für mich von Wichtigkeit, betrifft mein persönliches Interesse (welchen Beschluss ich unter persönlicher Rücksicht wünschen müsste). – **popularis** volksfreundlich, demokratisch. – **cognitor** Anwalt, Vertreter. – **nescio an** „ich weiß nicht, ob nicht", vielleicht. – **sibi amplius negotium contrahere** sich größere Schwierigkeiten einhandeln. – **rationes** Berechnung, Rücksicht. – **amplitudo** Ansehen, Bedeutung. – **obses, obsidis m.** Geisel, Unterpfand. – **intellectum est** es ist (aus Caesars Antrag) ersichtlich geworden. – **levitas** Leichtsinn, Haltlosigkeit, Charakterlosigkeit. – **contionator** Redner vor der Volksversammlung, Demagoge.

**(10) de istis** (gemeint sind populare Politiker unter den Senatoren) bezieht sich auf *non neminem* (mancher). – **nudius tertius** (aus: nunc dies tertius est) vorgestern, also am 3. Dezember. – **quaesitor** Befrager: Cicero hatte das Verhör geleitet. – **index** Informant. – **lex Sempronia:** *ne de capite civium Romanorum iniussu (populi Romani) iudicaretur* (Cicero, pro Rabirio 12; vgl. auch 1, 5 und 1, 28). – **gratulatio** Dankbezeigung (vgl. 3, 15; 4, 5. 20). – **de tota re et causa** über den gesamten Tatbestand und die rechtliche

Würdigung. – **hostis:** nachdem der Senat die Catilinarier ja schon zu *hostes* erklärt hatte, standen sie streng genommen nicht mehr unter dem Schutz der Bürgerrechte. Caesar umging das Problem souverän, indem er feststellte, das Verbrechen der Verschwörer sei so groß, dass es ohnehin nicht angemessen bestraft werden könne; daher solle man zurückgreifen auf das, was in den Gesetzen schon vorgegeben wäre (his utendum censeo, quae legibus comparata sunt: Sallust, Catilina 51, 8; vgl. den Kommentar zu 1, 3 und zum Zusatztext zur zweiten Rede). – **lator legis Semproniae:** Antragsteller war C. Sempronius Gracchus, der jüngere der beiden Brüder (vgl. 1, 4). – **rei publicae poenas dependere** (dem Staat) Strafe zahlen, büßen. – **idem:** sc. Caesar. – **largitor** Spender (durch Bestechung). – **prodigus** verschwenderisch. – **etiam** (zeitlich) immer noch. – **mitissimus et lenissimus:** Dieser Charakterzug wird Caesar auch von Sallust (Catilina 54, 2) bescheinigt: „*mansuetudine et misericordia clarus factus*". Caesars eingeführtes Markenzeichen wurde die *clementia Caesaris* allerdings erst im Frühjahr 49, als er im Bürgerkrieg die Stadt Corfinium einnahm, nachdem sich die Besatzung unter dem Kommando des L. Domitius Ahenobarbus kampflos ergeben hatte. Caesar sorgte dafür, dass beim Abzug der Belagerten niemandem ein Haar gekrümmt wurde. Das wog umso schwerer, als Domitius Caesars erbitterter Gegner war und ihn vorzeitig als sein Nachfolger in Gallien ablösen sollte. In einem Brief an seinen Vertrauensmann Oppius, der merkwürdigerweise unter den Cicerobriefen (ad Atticum 9, 7C, 1) erhalten ist, kommentiert Caesar, das sei eine *nova ratio vincendi*, mit der er ja auch den diesbezüglichen Rat des Oppius befolgt habe. So könne man aller Wohlwollen gewinnen (*omnium voluntates recuperare*) und die durch den Sieg errungene Position dauerhaft festigen. Der Einzige, der trotz schlimmer Grausamkeiten seinen

Sieg nicht verspielt habe, sei Sulla gewesen. Dem werde er aber auf keinen Fall nacheifern. Wenn er politisch erfolgreich sein wolle, dürfe niemand in ihm einen zweiten Sulla sehen. Nur wenig später sollte Caesar, wie Appian (Bella civilia 2, 41) berichtet, diese Überlegungen erneut beherzigen, als er beim Einzug in Rom die Bevölkerung unter Hinweis gerade auf seine Milde gegenüber Domitius beruhigte. Caesar sieht also in seiner *clementia* ein taktisch gebotenes Element, das aber darüber hinaus auch glaubhaft war wegen seines entsprechenden Naturells, das ihm Cicero und Sallust übereinstimmend auch für die voraufgegangene Zeit bescheinigen. – **sancit in posterum** verfügt unwiderruflich für die Zukunft. – **iactare** (als Volksfreund) großtun. – **in pernicie** beim Untergang. – **egestas et mendacitas** Armut und Bettelstab.

(11) **comitem:** ein in diesem Sinne geeigneter Begleiter wäre Caesar sicher gewesen. – **ad contionem:** wo Cicero dem Volk den Senatsbeschluss mitteilen musste. – **eam** *sc. Silani sententiam.* – **quamquam** wie 3, 18. – **immanitas** Ungeheuerlichkeit. – **de meo sensu** aus meinem Empfinden heraus. Das muss Cicero einschränkend betonen, nachdem er 4, 6 die Beschränkung auf seine bloße Moderatorenfunktion als Konsul zugesichert hatte. – **ita mihi salva re publica vobiscum perfrui liceat, ut ego, quod in hac causa vehementior sum, non atrocitate animi moveor ... sed ... misericordia** so wahr es mir erlaubt sein soll ... , so gewiss werde ich nicht ... bewegt durch ... – **lux orbis terrarum** das den Erdkreis erleuchtende Licht (als handele es sich um die Sonne). – **cerno animo** ich sehe im Geiste. – **aspectus** (wildes) Aussehen. – **in vestra caede bacchari** in bakchantischer Raserei in eurem Mordblut baden.

(12) **cum mihi proposui** (auf *tum ... perhorresco* bezogenes Tempus) wenn ich mir vorgestellt habe. – **ex fatis:** vgl. 3, 9; 3, 11; 4, 2. – **purpuratus** (orientalischer) Höfling. –

**miserari** bejammern, beklagen. – **ea:** die aufgezählten, weil zu erwartenden Verbrechen. – **a servo** wird nicht von Ungefähr mit **de servis** im Plural weitergeführt. Den Zuhörern war bewusst, dass Sklaven schon in weitaus weniger eindeutigen Fällen des Todes waren. Hatte ein Sklave seinen Herrn getötet, dann wurden auch alle anderen Sklaven aus dem Haus nach altem Recht mit dem Tode bestraft, weil ihnen der Mordplan ja unmöglich hätte entgehen können (Tacitus, Annalen 14, 42–45). Im Übrigen konnten Sklaven auch völlig grundlos getötet werden, da sie ja keine Menschen seien (Juvenal, Satire 6, 219–223). Erst Kaiser Hadrian (r. 118–137) untersagte die willkürliche Tötung von Sklaven ohne Gerichtsurteil (Historia Augusta: Hadrian 18, 7). Ciceros Parallelisierung der Untaten der Catilinarier und der angenommenen eines Sklaven traf durchaus den Nerv. Beide wurden offenbar als Bedrohung aus dem Untergrund empfunden, besagte doch ein geläufiges Sprichwort, man habe ebenso viele Feinde wie Sklaven (Seneca, Brief 47, 5). – **importunus** *(sc. is videtur esse)* gefühlsroh. – **lenire** lindern. – **trucidare** abschlachten, niedermetzeln. – **id agere, ut** darauf hinarbeiten, dass. – **deflagrare** niederbrennen. – **remissus** lässig, milde. – **fama** Ruf (in der Nachwelt).

**(13) L. Iulius Caesar** (Konsul 64) stimmte für die Hinrichtung seines Schwagers Lentulus, mit dem seine Schwester Iulia in zweiter Ehe verheiratet war. Im Prozess gegen Rabirius diente er neben Iulius Caesar als zweiter *duumvir* (vgl. die Einleitung VII). Der Großvater *(avus)* L. Caesars, Fulvius Flaccus (Konsul 125), gehörte zu den 122 von Opimius erschlagenen Anhängern der Gracchen. – **nudius tertius:** wie 4, 10. – **lectissima** ausgezeichnet, untadelig. – **privare** berauben. – **cum ... dixit** (cum coincidens) indem er zugleich erklärte. – **simile** ähnlich, vergleichbar (den Taten der Catilinarier). – **summa rei publicae** Gesamtlage des Staates. – **servitia concitat:** vgl. 3, 12 und 4, 4. – **attribuit:** zu der unter den Catilinariern vereinbarten Aufgabenverteilung vgl. 2, 6; 3, 8–10; 3, 14; bestätigt bei Sallust, Catilina 43, 2. – **partium contentio** Auseinandersetzung der Parteien. – **vereamini** (ironisch) ich meine, ihr solltet fürchten. – **nefandus** ruchlos. – **remissio poenae** Strafmilderung. An welche Strafe Cicero denkt, hat er in diesem § mit dem Verbum *privare* durchblicken lassen, obwohl er offiziell die Entscheidung des Senats nicht vorwegnehmen will. – **animadversio** Bestrafung.

(14) **exaudire** deutlich vernehmen. – **dissimulare** verhehlen, leugnen. – **iacere, iacio, ieci, iactum** werfen; fallen lassen. – **vereri, ut** = *vereri, ne non*. – **satis praesidii:** mit diesem Hinweis geht Cicero auch auf die Befürchtungen des Ti. Claudius Nero ein; vgl. auch den Kommentar zu 4, 1. – **summum imperium** Souveränität. – **huius templi:** im Tempel der Concordia (so auch Sallust, Catilina 46, 5), wo Cicero die *concordia ordinum* beschwört: „ *omnes adsunt omnium ordinum homines ...* ". (vgl. auch 4, 18 und 4, 22). In den Tempel der Concordia, gelegen am Rand des Forums unterhalb des Capitols, hatte Cicero auch die Senatssitzung vom 3. Dezember einberufen (vgl. 3, 21). Die Senatssitzung, in der Cicero die Erste Catilinarische Rede hielt, fand im Tempel des Iuppiter Stator statt, der durch Wachen auf dem Palatin geschützt war (vgl. 1, 1). Es ist nicht ersichtlich, warum Cicero vom Iuppitertempel in den Concordiatempel wechselte. Vielleicht war ja auch der Concordiatempel, durch seinen Symbolcharakter ohnehin empfohlen, nunmehr nach der Besetzung des Forums sicher und geschützt (vgl. den Kommentar zu 4, 1). – **praeter eos, qui ...:** damit sind nicht die inhaftierten Catilinarier gemeint, sondern ihre überall in Rom noch frei herumlaufenden Anhänger, die Cicero Cat. 2, 18–23 klassifiziert hatte.

**(15) excipere et secernere** ausnehmen und aussondern. – **equites Romani:** sie mussten sich als wohlhabende Unternehmer vor einem Umsturz ganz besonders fürchten (vgl. 1, 21). – **qui vobis summam ordinis consiliique concedunt** die euch den Vorrang des Standes und in der politischen Beratungsfunktion überlassen. – **dissensio huius ordinis** (gen. obiectivus) Verfeindung mit diesem (senatorischen) Stand. Diese Rivalität ging darauf zurück, dass C. Gracchus 122 durch die *lex Sempronia* den Rittern die Gerichtsbarkeit übertragen und Sulla diese 80 an den Senat zurückübertragen hatte, bis schließlich L. Aurelius Cotta 70 mit seiner *lex Aurelia* iudiciaria die Gerichte zu je einem Drittel aus Senatoren, Rittern und Aerartribunen zusammensetzte. – **revocatos:** eben durch die lex Aurelia. – **tribunos aerarios:** sie zahlten den Soldaten ihren Sold aus (Gellius 6, 10, 2) und zogen die Kriegssteuern ein; sie rekrutierten sich aus angesehenen und wohlhabenden Plebejern und bildeten aufgrund der *lex Aurelia* einen eigenen Stand. – **scribae:** Angehörige des Standes der sachkundigen Sekretäre, die jedes Jahr am 5. Dezember, dem Tag dieser Cicerorede, beim *aerarium*, der Staatskasse vor dem Podium des Saturntempels (vgl. den Lageplan), den neugewählten Jahresbeamten zugelost *(sors)* wurden.

**(16) ingenuus** freigeboren. – **tenuis** dünn, schwach; im Superlativ: Angehöriger des untersten Standes. – **solum, -i n.** Boden. – **operae pretium est** es ist der Mühe wert. – **libertinus** Freigelassener. – **sua virtute fortunam huius civitatis consecuti** die durch eigene Tüchtigkeit ihre Stellung in diesem Staat erreicht haben. – **nemo** steht adjektivisch zu *servus.* – **qui modo** sofern er nur. – **civium:** der Catilinarier, sofern sie hier den Sklaven gegenübergestellt sind. – **voluntatis** hängt als gen. partitivus von *quantum* ab: ein Sklave, dessen Herr ein Verschwörer war, musste besonders viel riskieren.

**(17) lenonem quendam Lentuli concursare circum tabernas** ein Agent des Lentulus (der sonst für ihn als „Kuppler" gearbeitet haben mag) renne von Bretterbude zu Bretterbude (um Arme und Unerfahrene für eine Befreiungsaktion zu „verkuppeln"). – **pretio** gegen Bezahlung. – **est** steht betont am Anfang des Hauptsatzes; damit soll unterstrichen werden, dass es tatsächlich so geschehen ist. – **voluntate perditi** in ihrer geistigen Ausrichtung zutiefst verdorben. – **ipsum ... locum:** gemeint ist die **taberna,** der Ort ihres Arbeitsstuhls (**sella**), ihrer Arbeit (**opus**) und ihrer Tageseinnahmen (**quaestus cotidianus**). – **cubile et lectulum** Schlafzimmer und kleines Bett. – **cursus otiosus** ruhiger Gang. – **immo vero** in Wahrheit, gewiss. – **instrumentum** Erwerbsmittel. – **genus hoc universum** (die tabernarii) **amantissimum est otii:** Mit diesem Hinweis auf die *tabernarii*, deren Werkstattläden wohl auch Treffpunkte zum Meinungsaustausch sind, schreibt Cicero den Popularen unter den Senatoren ins Stammbuch, dass in Wahrheit er es ist, der für die Bedürfnisse ihrer Klientel einsteht. Vgl. im Kommentar zu 3, 17 auch die emphatischen Sätze über das Interesse des Volkes an Ruhe und Frieden. – **frequentia** der ungehinderte rege Verkehr. – **occludere** verschließen.

**(18) ex media morte** mitten aus einem Mordanschlag heraus (vgl. 1, 9 und 2, 12). – **vobis supplex manus tendit:** streckt bittflehend die Hände zu euch aus. – **illum ignem Vestae** jenes Feuer der Vesta da drüben (wohin der Redner mit dem Finer zeigen kann). – **tecta** (pars pro toto) **commendare** die Häuser anvertrauen. – **anima** Seele, Leben. – **sedes** (Wohn)sitz.

**(19) facultas** Möglichkeit. – **in civili causa** in einer innenpolitischen Angelegenheit. – **stabilire** befestigen, aufrecht erhalten. – **exaggerare** aufhäufen, vergrößern. – **una nox:** die Nacht, in der die Gesandten der Allobroger aufgegriffen wurden (vgl. 3, 4–8).

**(20) ad sententiam (sc. rogandam) redire** auf den Antrag zur Beschlussfassung zurückkommen (was erst im § 24 geschehen wird). – **turpis** ehrlos. – **abiectus** verzweifelt. – **dignitas** Würde (die sich offenbar mit Autorität sowie dadurch mit Macht verbindet und den gebührenden Respekt verlangt). – **paenitet me alicuius rei** ich bereue etwas. – **decretis honestare** durch Beschlüsse ehren. – **bene gesta** *sc. re publica* ... **conservata:** diese Gegenüberstellung soll Ciceros Leistung unmissverständlich markieren; vgl. 3, 15 und die Einleitung X. – **gratulatio** (= *gratiarum actio*) Dankbezeigung durch das Dankfest für die Götter, in dessen Mittelpunkt Cicero stehen soll (vgl. 3, 15; 4, 5; 4, 10).

**(21) P. Cornelius Scipio Africanus Maior** zwang Hannibal zum Rückzug aus Italien, indem er 204 das römische Heer von Sizilien aus nach Afrika übersetzte. – **P. Cornelius Scipio Africanus Minor** zerstörte 146 Karthago und 133 Numantia. – **L. Aemilius Paullus** beendete den Dritten Makedonischen Krieg 168 durch seinen Sieg über König Perseus bei Pydna. – **currum ... honestavit:** Perseus ... catenis ante currum victoris ducis per urbem hostium ductus (Livius 45, 40, 6). – **aeterna gloria** (abl. qualitatis) bezieht sich auf die Siege des Marius bei Aquae Sextiae über die Teutonen (102) und bei Vercellae über die Cimbern (101). – **obsidio** Belagerung. – **Pompeius** hatte 77 bis 71 im äußersten Westen Sertorius besiegt, 66 bis 63 im äußersten Osten Mithradates und 67 im ganzen Mittelmeer die Seeräuber; dem entspricht die Ausdehnung seines Ruhmes (vgl. auch den Kommentar zu 2, 11 und 3, 26). – **contineri** umschlossen werden, grenzen an. – **regio** Gegend, Bezirk; Linie, Richtung; Grenzlinie, Himmelsgegend. – **quo victores** (prädikativ) **revertantur:** dieser Zusatz ist entscheidend; er entspricht der stolzen Selbsteinschätzung, mit der er seine Leistung 3, 26 gegenüber Pompeius einordnet.

**(22) uno loco** in einer Hinsicht. – **condicio melior** : Sieger gegen äußere Feinde sind besser dran. – **recepti** *sc. in amicitiam sive in fidem.* – **obligatus** verpflichtet. – **depravatus** verunstaltet, verdorben. – **coercere** in Schranken halten. Das Verbum erinnert an die *coercitio,* das Recht der Behörden, Zwangsmaßnahmen auszuüben. – **mihi ... aeternum bellum susceptum esse video** ich sehe, das für mich ein ewiger Krieg besteht: vgl. dazu 2, 11 und 3, 27. – **facile propulsare** leicht abwehren. – **conspiratio** Einmütigkeit, Einverständnis (aber auch: Meuterei, Komplott). – **confringere et labefactare** zerreißen und erschüttern.

**(23) pro** anstelle von. – **imperium** Kommando. – **provincia:** vgl. den Kommentar zu 3, 14. – **pro clientelis hospitiisque provincialibus** anstelle von Schutzbefohlenen und dem damit verbundenen Gastrecht in den Provinzen (was das Prestige des Patronus erhöhte). – **urbanis opibus** durch meinen Einfluss in Rom: Cicero wurde 75 als Quaestor in Sicilia Patronus die Siculer und hatte 70 deren Ansprüche gegen Verres vor Gericht in Rom erfolgreich vertreten. – **tueor** *sc. vetera.* – **comparo** *sc. nova* – **pro his ... rebus, pro meis ... studiis:** *pro* heißt jetzt wieder für. – **saepire** umzäunen, schützen. – **spem fallere** eine Hoffnung täuschen. – **mea solius:** der Genitiv bezieht sich auf Cicero, der „allein" das Risiko trug (aber nicht alleine den ganzen Staat retten konnte).

**(24) fanum** Heiligtum. – **ut instituistis** wie ihr ja schon begonnen habt: das kann sich nur auf die zu Anfang vor Caesars Rede gestellten Anträge der designierten Konsuln und der Konsularen beziehen (vgl. den Kommentar zu 4, 1 und den Brief an Atticus 12, 21, 1 als Zusatztext zu dieser Rede). – **praestare** gewährleisten, für etwas eintreten bzw. haften.

## Velleius Paterculus 2, 35

**haec:** gemeint ist die Streitfrage, ob die gefangenen Catilinarier hinzurichten seien oder nicht. – **conspicuus** auffallend, hervorstechend, ausgezeichnet. – **praenitere** hervorleuchten, überstrahlen. – **in altissimo inluminare** in das hellste Licht rücken. – **ingenium** Geisteshaltung. – **ut** (sc. recte) **facere videretur**. – **vitiis immunis** frei von Lastern (das stoische Ideal). – **fortunam in sua potestate habuit:** dieses Lob erfolgt im Blick auf das stoische Autonomiebewusstsein (vgl. den Kommentar zum folgenden Text). – **admodum** völlig, ziemlich. – **alii:** gemeint sind Caesar und die Senatoren, die ihm in der entscheidenden Senatssitzung zwischenzeitlich zustimmten. – **tanta vi animi et ingenii** mit so großer Leidenschaft und einfallsreicher Beredsamkeit. – **orationem ... societate suspectam fecit:** er verdächtigte die Reden ... der Komplizenschaft mit den Verschwörern (und damit insbesondere Caesar: vgl. Sueton, Caesar 9; Plutarch, Caesar 8, 1 und Cicero 21, 3). – **consulis virtutem amplificavit** er hob Ciceros Standfestigkeit in den Himmel. Verständlicherweise ließ Cicero darauf Catos Rede niederschreiben und verbreiten (Plutarch, Cato minor 23, 3). Cato rief später in der Volksversammlung Cicero zum *pater patriae* aus (Plutarch, Cicero 23, 3; Appian 2, 7), während Catulus dasselbe Votum im Senat abgab (Cicero, in Pisonem § 6 und pro Sestio 121). – **prosequi** (Cato) ein ehrendes Geleit geben. Das Gegenteil erlebte Caesar, der noch zusätzlich die Empörung der Anwesenden auslöste, weil er zunächst zwar gefordert hatte, man solle das Vermögen der Catilinarier einziehen (4, 10; Sallust, Catilina 51, 43), aber am Ende beantragte, man solle ihnen diese Maßnahme ersparen (Plutarch, Cicero 21, 4). Wohl beim Verlassen des Concordiatempels wurde er daher von Sicherheitskräften, die Cicero um sich geschart hatte, angegriffen und wäre getötet worden, wenn nicht Curio ihn mit seiner Toga geschützt und Cicero seine Leute zurückgehalten hätte (Plutarch, Caesar 8, 2; Sueton, Caesar 14, 2). Plutarch (Caesar 8, 3) hat beobachtet, dass Cicero diesen Vorfall in seinem Epos „De consulatu meo" nicht erwähnt hat.

## Cicero, ad Atticum (12, 21, 1)

**legi Bruti epistulam:** In diesem Brief hatte Brutus, Ciceros Freund, Fragen des Atticus beantwortet, die sich auf sein Buch über Cato bezogen. Diesen Brief hatte Atticus wiederum Cicero zukommen lassen, der sich zu den Antworten des Brutus äußern sollte. Anlass des Buches und des Briefes, der dieses Buch betraf, war ein bewegendes Ereignis. Als Caesar die Republikaner 46 bei Thapsus in Afrika besiegt hatte und Brutus, der zu den Besiegten gehörte, die Begnadigung anbot, lehnte dieser ab, beging Selbstmord und demonstrierte damit, was in den Worten des Velleius Paterculus *fortunam in sua potestate habere* bedeutete. Darauf wurde Cato, was Caesar wohl befürchtet hatte, noch mehr zum strahlenden Helden der Republikaner. Cicero reagierte mit seinen *Laudes Catonis,* und Brutus schrieb ein Jahr, bevor er als Caesarmörder in die Geschichte einging, ein noch entschiedeneres Loblied auf Cato. Der Brief an Atticus, in dem Cicero auf die Antworten des Brutus zu seinem Buch eingeht, datiert vom 17. Mai 45. – **remisi** die Tempuswahl erfolgt bei Briefen in der Regel aus der Sicht des Empfängers. – **non prudenter rescriptam** nicht sachkundig beantwortet. – **sed ipse viderit** das soll er selbst sehen, das muss er selbst vertreten. – **sententiam de animadversione dicere** eine Strafantrag stellen. – **discessio** Abstimmung (durch Auseinandertreten wie beim Hammelsprung). – **luculentus** glanzvoll. – **rem ... comprehenderat** er hatte die Sache angefasst. – **hic** sc. Brutus. – **referre** (ad senatum) vor den Senat bringen. – **quod denique ante quam consulerem, ipse iudicaverim:** Cicero hatte sich also, bevor er den Senat zur Stellungnahme aufforderte, für sich selbst schon entschieden, und zwar für die Todesstrafe. Das hatte er in der Tat auch in seiner vierten Rede deutlich durchblicken lassen (4, 7 und 4, 11–13); in der ersten Rede hatte er die Todesstrafe gleich siebenmal (§§ 2, 4, 5, 9, 12, 27, 29, 2) und in der zweiten zweimal (§§ 3 und 4) ausdrücklich zur einzig angemessenen erklärt. – **quae omnia quia Cato laudibus extulerat:** so wäre Catos Reaktion bestimmt nicht ausgefallen, hätte Cicero einem gegenteiligen Senatbeschluss das Wort geredet. Catos Reaktion ist unabhängig von Cicero auch im Zusatztext des Velleius Paterculus bestätigt. – **consulere mit Akk.** den Senat „konsultieren", ihn zur Stellungnahme auffordern. – **perscribere** vollständig niederschreiben, protokollieren. – **hic** steht wie oben für Brutus.

## Sallustius, Catilina 55

**antecapere** „vorwegnehmen", gar nicht erst abwarten. – **ne quid novaretur** damit nicht unverhofft eine neue Lage eintreten könne. Appian (2, 6) unterstreicht, Ciceros Eile bei der Hinrichtung sei berechtigt gewesen, da man immer noch einen Verzweiflungsakt der Catilinarier befürchten musste. – **vindices rerum capitalium** die „Rächer der Kapitalverbrechen", die Henker. – **laqueus** Strick, Schlinge. – **gulam frangere** „die Kehle brechen", erdrosseln. – **supplicium sumere** die Todesstrafe vollstrecken. Danach begegnete Cicero auf dem Forum der Menge, darunter auch Catilinariern, die nicht wussten, dass ihre führenden Köpfe schon hingerichtet waren, und hofften, die Delinquenten könnten noch befreit werden. Ihnen rief Cicero laut Plutarch (Cicero 22, 2) nur ein einziges Wort zu: ἔζησαν (sie haben gelebt). Appian (2, 6) notiert, die eingeschüchterte Menge hätte sich darauf zerstreut und nicht wenige hätten sich beglückwünscht, dass ihre eigene Beteiligung an der Verschwörung unentdeckt geblieben sei.

## Die Stilmittel

Vorbemerkung. Die Stilmittel gewährleisten als bestimmte sprachliche Ausdrucksformen auf jeden Fall den schönen und wohlklingenden Satz. In einem damit gewährleisten sie aber als spezifische Mittel des Schmucks (ornatus) nicht minder auch die Deutlichkeit der Aussageabsicht des Sprechers.

Von einer in diesem Sinne erweiterten Rolle der Stilmittel ist schon deswegen auszugehen, weil sich der ornatus auf derselben funktionalen Ebene bewegt wie die Sprachrichtigkeit (latinitas), die Deutlickeit (perspicuitas) und die Angemessenheit (aptum) nach Maßgabe des Gegenstandes sowie der Angesprochenen. Bei dieser Nachbarschaft bürgt der ornatus wohl kaum wie eine isolierbare Komponente ausschließlich für die ästhetischen Qualitäten, auf die man auch verzichten könnte, sollten die Stilmittel tatsächlich ohne Bedeutung für die Satzlogik sein. Um diese Möglichkeit ganz und gar auszuschließen, hat Cicero einer Verselbständigung der ästhetischen Seite des Stils, wie sie ja durchaus denkbar ist, energisch widersprochen. Zunge und Herz dürfe man nicht, wie Sokrates nahe gelegt habe, kurzerhand trennen (De oratore 3, 61 und 121). Die Logik und der die Logik beleuchtende Schmuck gehören für Cicero untrennbar zusammen. Damit aber der

Schmuck der Satzlogik seine guten Dienste erweisen kann, darf er seine Mittel auf keinen Fall wie Gorgias, der älteste Stilmittelsystematiker, gleichmäßig über ganze Sätze und Passagen ausstreuen, sondern muss wie das spotlight im Theater bestimmte herausragende Glanzpunkte erstrahlen lassen und auf diese Weise als das Wesentliche markieren (ebd. 3, 96 und 201). Das gilt umso mehr, wenn statt einer Streuung über fast alle Wörter im Satz gleich mehrere Stilmittel einen einzigen, und zwar den entscheidenden Ausdruck pointiert herausheben. Caesars berühmte Depesche nach seinem Sieg über Pharnakes bei Zela – veni, vidi, vici konzentiert gleich fünf Stilmittel auf einen einzigen Ausdruck: Alliteration, Homoioteleuton, Assyndeton, Trikolon, Klimax.

Dieses Charakteristikum der Rede, durch Ausdrucksschönheit dem logisch Wesentlichen die nötige Aufmerksamkeit zu verschaffen, sieht Cicero auch außerhalb der Sphäre der Rhetorik bestätigt. Denn auch in der übrigen Welt strahlt gerade das Wesentliche am meisten Anmut aus. Die Proportionen, deren Wahrung das Universum im Gleichgewicht hält, bewirken auch die Schönheit des Kosmos; und die Proportionen am Körper von Mensch und Tier beweisen, dass Anmut und Zweckmäßigkeit zusammenfallen. Die für den Baum lebensnotwendigen Äste und Blätter ergänzen sich zum Anblick der schönen Baumkrone. Schließlich erscheint auch bei den Artefakten gerade das funktional Notwendige als überwältigend schön – wie der Giebel des Jupitertempels oder das Takelwerk eines Schiffes (ebd. 3, 178–181).

Die Konvergenz von Schönheit und Wesentlichem gilt also nicht allein für die Rede. Mit umso größerem Vertrauen dürfen daher im Blick auf die Stilmittel Folgerungen für die Lektüre einer Rede gezogen werden. Wer sich beim Lesen eines Satzes vom ornatus leiten lässt, wird auch genau den Ausdruck betonen, auf den es ankommt; denn der Lesende darf sich darauf verlassen, dass nur ein wesentlicher Ausdruck beziehungsweise die Kernaussage durch ein oder zugleich auch mehrere Stilmittel hervorgehoben wird. Zum andern wird der Lesende auf die Stilmittel achtend die interne Satzgliederung erkennen und entsprechend an der vom Autor vorgesehenen Stelle eine Lesepause einlegen. Demgemäß genügt keineswegs die bloße Feststellung, von welchem Stilmittel der Autor gerade im vorliegenden Satz Gebrauch macht; es gilt vielmehr zu ergründen, warum der Autor gerade dieses und kein anderes Stilmittel gewählt hat, um seiner Aussageabsicht zur erforderlichen Deutlichkeit zu verhelfen. So viel zur Bedeutung der Stilmittel und zu der Aufmerksamkeit, die sie erwarten dürfen.

**abstractum pro concreto.** Beispiele: illa virtus statt viri boni (1, 3). – illa Manliana castra statt milites Manlii (1, 10). – si ex tanto latrocinio statt si ex tot latronibus (1, 31). – ex agresti luxuria steht für einen durch Verschwendung verarmten Landadel (2, 5). – servitia statt servi (4, 4).

**Alliteration.** Beispiele: patent portae, proficiscere (1, 10). – coniurationemque nascentem non credendo conroboraverunt (1, 30). – e flamma atque ferro ac paene ex faucibus fati (3, 1). – ut in perpetua pace esse possitis providebo (2, 29).

**Anakoluth.** Das Spätere „folgt nicht" dem Voraufgegangenen. Das kann sich auf die Gedankenführung (a) beziehen, die unterbrochen wird, ferner auf die Konstruktion (b), die in der Erregung oder aus mangelnder Konzentration nicht konsistent zu Ende geführt wird, schließlich auf die erwartungswidrige Wortwahl (c) bei der Anknüpfung an den Ausgangspunkt. a) ac ne longum sit (3, 10). b) si ex urbe exierint, o nos beatos (2, 10; vgl. 2, 7). – tum cum ex urbe Catilinam eiciebam ... , sed tum, cum illum exterminari volebam (3, 3) ... Der Bruch liegt im sed. c) eorum hominum (1, 29) entspricht nicht dem voraufgegangenen Trikolon patria, Italia, res publica; die Personifikation ist nicht durchgehalten.

**Anapher.** Ein Signalwort (z. B. nihil, quod, sine) wiederholt sich zu Beginn paralleler Wortblöcke oder einzelner Begriffe. Dadurch ist die Anapher leicht zu identifizieren. Dass das Signalwort „nach oben getragen" wird statt nach vorne, erklärt sich aus der antiken Buchrollentechnik. Entsprechend heißt es ja auch: wie wir oben ausgeführt haben. Die Anapher unterstreicht, dass hinreichend konkrete Details zur Untermauerung einer These oder eines Gedankens vorliegen. Die mit nihil operierende Anapher (1, 1) verweist Catilina auf die vielen Tatsachen, an denen er die Reaktion der gesamten res publica auf die Verschwörung ablesen kann. Die Anapher (3, 23) – sine caede, sine sanguine, sine exercitu, sine dimicatione – unterstreicht den übergeordneten Gedanken, dass die Verschwörung ohne Blutvergießen niedergeschlagen wurde.

**Antiklimax.** Der gewollte Verzicht auf steigernde Verschärfung der Darstellung zur Demonstration von Gelassenheit und Souveränität. Ein Beispiel: Catilinam ... huic urbi ferro flammaque minitantem ex urbe vel eiecimus vel emisimus vel ipsum egredientem verbis prosecuti sumus (2, 1).

**Assonanz.** Der „Anklang" ist eine vom Wortanfang verlegte vokalische Alliteration und insofern mit dem Homoioteleuton verwandt. Während das Homoioteleuton jedes Mal eindeutig zu identifizieren ist (abiit, excessit, evasit, erupit:

2, 1), kann die gehäufte Wiederkehr desselben Vokals bei aufeinanderfolgenden Wörtern auch bloßer Zufall sein. Beispiele: exul potius ... quam consul; detester ac deprecer (1, 27). – iam inter latera nostra sica illa versabitur (2, 1: zugleich eine Personifikation). – non tam hoc querentur quam verentur (2, 16: zugleich eine Paronomasie). – cum hanc sit habiturus Catilina scortorum cohortem praetoriam (2, 24). – multis et non dubiis deorum immortalium significationibus (2, 29: zugleich eine Litotes). – sed in ea quae esset se esse principes ... voluerunt (3, 25). – misera atque miseranda (4, 12).

**Assyndeton.** Das koordinierende Assyndeton (Unverbundenheit) ist das Gegenteil des Polysyndeton (omnia et provisa et parata et constituta sunt: 4, 14). Ein Beispiel für mehrere vom jeweiligen Prädikat eingeleitete Satzblöcke, die unverbunden und zugleich koordinierend nebeneinanderstehen: fuisti ... , distribuisti ... , statuisti ... , delegisti ... , discripsisti ... , confirmasti ... , dixisti ... (1, 9). Das Trikolon ist in der Regel ein auf drei Glieder reduziertes koordinierendes Assyndeton. Anders als das koordinierende bringt das adversative Assyndeton einen besonders scharfen Gegensatz zum Ausdruck: P. Scipio ... Ti. Gracchum ... privatus interfecit: Catilinam ... nos consules perferemus? (1, 3). – Non Ti. Gracchus ... , non C. Gracchus ... , non L. Saturninus ... in vestrae severitatis iudicium adducitur: tenentur ei qui ad urbis incendium ... restiterunt (4, 4).

**Chiasmus.** Der Parallelismus wird durch Überkreuzstellung aufgehoben, wenn bei vier Gliedern das an dritter Stelle erwartete Glied erst an vierter Stelle erscheint und dadurch besonders hervorgehoben wird. Beispiele: ... et dubites de possessione detrahere, adquirere ad fidem (2, 18: zugleich ein adversatives Assyndeton). – ... quod urbem incendiis, caede cives, Italiam bello liberassem (3, 15). –

omnis hic locus acervis corporum et civium sanguine redundavit (3, 24: zugleich ein Zeugma).

**Euphemismus.** Beschönigende Wortwahl. Beispiele: Tum cum multi principes civitatis Roma non tam sui conservandi quam tuorum consiliorum reprimendorum causa profugerunt (1, 7). – Cicero spricht bei der Schuldfrage von temporum, statt von permultorum civium Romanorum (2, 3). – Cethegus hat das in seinem Haus entdeckte Waffenlager mit der Erklärung verharmlosend „schöngeredet": se semper bonorum ferramentorum studiosum fuisse (3, 10; zugleich eine Metonymie). – si quid obtigerit (4, 3) steht für „wenn ich ums Leben kommen sollte", vermeidet es also, Unheilvolles unverblümt zum Ausdruck zu bringen.

**Geminatio.** Der Sinn der „Verdoppelung" des ersten Wortes im Satz ist offenkundig. Beispiele: fuit, fuit ista quondam ... virtus (1, 3; auch Hyperbaton und Personifikation). – nos, nos ... desumus (1, 3). – hic, hic sunt, qui de huius urbis ... exitio cogitent (1, 9). – ille, ille Iuppiter restitit (3, 22).

**Hendiadyoin.** Ein hypotaktischer Begriffskomplex wird paratraktisch aufgelöst. Das Hendiadyoin muss von der Synonymhäufung unterschieden werden. Beispiele: si ... furorem ac tela vitamus (wahnsinnige Angriffe: 1, 2). – convenisse ... eiusdem amentiae scelerisque socios (1, 8). – sceleri ac furori (1, 15). – parva quadam declinatione et ... corpore (1, 15). – aestu febrique (1, 31). – sceleris ac belli (2, 14). – vi at minis (2, 14). – mandata et litteras (3, 8). – furore et scelere ( 4, 20).

**Homoioteleuton.** Gleichklang der Endungen parallel konstruierter Prädikate. Beispiele: abiit, excessit, evasit, erupit (2, 1). – pertimuerit, sententiam mutaverit, deseruit suos, consilium ... abiecerit et converterit (2, 14). – obiret, occurreret, vigilaret, laboraret (3, 16).

**Hyperbaton.** Sperrung oder „Überschreitung" der Regeln der gewöhnlichen Wortfolge. Das hinausgezögerte Wort wird mit umso mehr Spannung erwartet. Beispiele: fuit, fuit ista quondam in hac republica virtus (1, 3). – magna dis immortalibus habenda est atque huic ipsi Iovi Statori ... gratia (1, 11). – praeclaram vero populo Romano refers gratiam (1, 28). – ... tum multo etiam maiore populi Romani ad summum imperium retinendum, et ad communes fortunas conservandas voluntate (4, 14). – qui non, quantum audet et quantum potest, conferat ad communem salutem voluntatis (4, 16).

**Hyperbel oder Übertreibung.** Beispiele: bellum ... post hominum memoriam crudelissimum et maximum (2, 28). – mucronesque eorum a iugulis vestris deiecimus (3, 2). – quorum alter fines vestri imperii non terrae, sed caeli regionibus terminaret (3, 26).

**Hysteron proteron** oder „das Spätere früher". Beispiele: quid proxima, quid superiore nocte feceris (1, 1). – quae quoniam in senatu inlustrata, patefacta, comperta sunt per me (3, 3). – ... haec omnia ... et gesta et provisa esse videantur (3, 18). – meorum factorum atque consiliorum (4, 20).

**Inkonzinnität.** Zwei Glieder, die sich auf gleicher satzlogischer Ebene bewegen, werden mit verschiedenen syntaktischen Mitteln dargestellt: ... scelerum exercitatione adsuefactus frigore et fame et siti et vigiliis perferendis, fortis ab istis praedicabatur (2, 9). ... qui numquam recte fecit, ut facere videretur, sed quia aliter facere non potuerat (Velleius 2, 35: Zusatztext zur vierten Rede).

**Ironie.** Wörtlich genommen „verstellt" die Formulierung das eigentlich Gemeinte. Beispiele: nos autem, fortes viri, satis facere rei publicae videmur, si istius furorem ac tela vitamus (1, 2). – reperti sunt equites Romani, qui te ista cura liberarent (1, 9). – ... ad sodalem tuum, virum optimum, M. Metellum demigrasti, quem tu videlicet ... ad custodiendum diligentissimum ... putasti (1, 19). – ... ut te haec, quae vastare iam pridem studes, relinquentem usque ad portas prosequantur (1, 21). – vix molem istius invidiae, si in exilium iussu consulis ieris, sustinebo (1, 23). – hic (sc. apud conflatum improborum manum) tu qua laetitia perfruere, quibus gaudiis exsultabis (1, 26). – homo timidus (sc. Catilina) vocem consulis ferre non potuit (2, 12). – quem ad modum autem illis (sc. mulierculis) carere potuerunt, his praesertim iam noctibus (2, 23). – tardissime autem Lentulus venit, credo, quod in litteris dandis praeter consuetudinem proxima nocte vigilarat (3, 6). – In der vierten Rede findet sich kein Beispiel von Ironie. Aus gutem Grund wollte Cicero offenbar jede noch so geringe Provokation vermeiden.

**Klimax.** Steigerung durch Verschärfung der Ausdrucksweise. Nach der ersten Verschärfung wartet der Zuhörer voller Spannung auf die nächste. Von diesem Mittel macht Cicero gleich 1, 1 durch eine Reihe von rhetorischen Fragen Gebrauch, die die Situation für Catilina von Mal zu Mal schlimmer erscheinen lassen. Patere tua consilia non sentis? Constrictam iam horum omnium scientia teneri coniurationem tuam non vides? Quid proxima, quid superiore nocte egeris, ubi fueris, quod convocaveris, quid consilii ceperis, quem nostrum ignorare arbitraris?

**Litotes.** Durch „Schlichtheit" gilt es den Eindruck des Übertriebenen oder Bombastischen zu vermeiden, indem das Gegenteil des Gemeinten verneint wird. Beispiele: cupio ... non dissolutum videri (1, 4). – non dubiis ... significationibus (2, 29).

**Metapher** oder „Übertragung" in ein anderes Bedeutungsfeld. Ein Herz wie Stein wäre ein Vergleich; aber ein Herz aus Stein wäre eine Metapher. Beispiele: ... patimur hebescere aciem horum auctoritatis; habemus enim eius modi senatus consultum, verum inclusum in tabulis tamquam in vagina reconditum (1, 4). – exhaurietur ex urbe tuorum magna et perniciosa sentina rei publicae (1, 12; vgl. 2, 7). – periculum ... erit inclusum penitus in venis atque in visceribus rei publicae (1, 31). – (Catilina) hanc urbem e suis faucibus ereptam esse luget (2, 2). – flos totius Italiae et robus (2, 24).

**Metonymie** oder „Umbenennung" mit Hilfe eines nahe liegenden Begriffs. Beispiele: ferrum extorsimus statt gladium (2, 2). – ferramenta statt arma (3, 10).

**Oxymoron** oder eine „spitzdumm" erscheinende Verbindung sich widersprechender Begriffe. Beispiele: cum tacent, clamant (1, 21). – quae (sc. patria) tecum ... quodam modo tacita loquitur (1, 18).

**Paronomasie** oder Wortspiel mit zwei ähnlich klingenden Wörtern, die weder in ihrer Bedeutung noch etymologisch verwandt sind. Beispiele: ... ut exul potius temptare quam consul vexare rem publicam posses (1, 27). – non tam hoc querentur quam verentur (2, 16). Beide Beispiele weisen zugleich eine Assonanz auf.

**Periphrase** oder „Umschreibung" eines Namens durch Nennung seiner bekannten Taten oder Eigenschaften. Beispiele: illum qui hanc urbem condidit umschreibt Romulus (3, 2). – Bei zwei weiteren Umschreibungen ist Pompeius gemeint: omnia sunt externa unius virtute terra marique pacata (2, 11). – quorum alter fines vestri imperii non terrae, sed caeli regionibus terminaret (3, 26; zugleich Hyperbel).

**Personifikation** oder Behandlung von Sachen, Phänomenen oder Institutionen, als wären sie Personen. Beispiele: quam diu etiam furor iste tuus nos eludet? (1, 1,). – nunc te patria odit (1, 17). – (patria) quae tecum ... quodam modo tacita loquitur (1, 18). – si mecum patria ... , si cuncta Italia, si omnis res publica loquatur (1, 27). – inter latera nostra sica (statt Catilina) illa versabitur (2, 1). – exsultat et triumphat oratio mea (2, 3). – ... ut litterae suae testes manifesti sceleris deprehenderentur (3, 17). – vobis supplex manus tendit patria communis (4, 18). – ut mea vox ... officio functa consulari videretur (4, 19).

**Polyptoton** oder Einsatz „einer Vielzahl von Fällen", wenn die Grammatik eine reine Anapher nicht zulässt. Beispiele: nullum ... facinus exstitit nisi per te, nullum flagitium sine te, tibi uni ... neces, tibi vexatio ... impunita fuit ac libera; tu non solum ... (1, 18). – te ut ulla res frangat, tu ut umquam te corrigas, tu ... (1, 22). – magnos animos ... , magnam concordiam ... , magnas copias ... (2, 19). – ... meam hanc esse patriam, me horum esse consulem, mihi ... pro his moriendum esse (2, 27). – tanta pace, tanto otio, tanto silentio (3, 17).

**Praeteritio** oder Hinweis auf das „Vorbeigehen" an einem Sachverhalt, der ebendadurch eben doch nicht unerwähnt bleibt. Da sich die praeteritio nicht beweispflichtig sieht, wenn sie einen bestimmten Punkt lediglich streift, kann sie auch als Mittel der Verdunklung (occultatio) dienen. Das gilt aber nicht für Ciceros Gebrauch von diesem Mittel. Beispiele: quod ego praetermitto ... (1, 14). – ac iam illa omitto (1, 15). – nam ut illa omittam (3, 18).

**Rhetorische Frage.** Ein Urteil in Form einer Frage, auf die keine Antwort erwartet wird. In der indirekten Rede erscheint die rhetorische Frage wie auch sonst jedes Urteil im a. c. i. Die rhetorische Frage hat den psychologischen Vorteil, dass sie viel weniger die Neigung provoziert, die in ihr enthaltene allgemeine These unter Hinweis auf ein entgegenstehendes Detail zu entkräften, als wenn die Behauptung in der Form einer rein affirmativen Aussage geltend gemacht würde. Ein Beispiel: quid enim mali aut sceleris fingi aut cogitari potest, quod non ille conceperit? (2, 7)

**Synonymhäufung.** Beispiele: notat et designat (1, 2). – me ipse inertiae nequitiaeque condemno (1, 4; vgl. 1, 29). – audaciae satellitem atque administrum tuae (1, 7). – praesidiis, custodiis, vigiliis (1, 8: zugleich Trikolon). – non feram, non patiar, non sinam (1, 10: zugleich Trikolon). – nudam et inanem (1, 16 und 2, 12). – opem et auxilium nobis tulerunt (3, 18).

**Trikolon** oder „dreigliedriger" Ausdruck. Als Trias einst dem kultischen Bereich zugehörig – man denke an die Göttertrias Jupiter, Juno, Minerva – gelang der Figur der Siegeszug in der Rhetorik, weil die Zahl drei genau in der Mitte zwischen zu wenig und zu viel liegt. Zwei Momente zur Demonstration der Tragfähigkeit einer These oder eines Gedankens könnten auch nur zufällig zusammengekommen sein, vier aber dürften schon wieder die Geduld des Adressaten überstrapazieren. Drei Momente erscheinen dagegen ideal. Beispiele: praesidiis, custodiis, vigiliis (1, 8; zugleich Synonymhäufung). – neque enim is es, Catilina, ut te pudor umquam a turpitudine aut metus a periculo aut ratio a furore revocarit (1, 22). – ad hanc te amentiam natura peperit, voluntas exercuit, fortuna servavit (1, 25; zugleich Parallelismus). – nonne hunc in vincla duci, non ad mortem rapi, non summo supplicio mactari imperabis? (1, 27). – consiliis, laboribus, periculis (2, 14 und 3, 1). – omnes adsunt omnium ordinum homines, omnium generum, omnium denique aetatum (4, 14). – mente, voluntate, voce consentiunt (4, 18).

**Zeugma** oder die syntaktische „Verbindung" meist zweier Substantive mit einem Verb, zu dem inhaltlich nur das letztere passt. Beispiele: omnis hic locus acervis corporum et civium sanguine redundavit (3, 24).